KB117736

〈자화상〉

37년 짧은 생을 살다 간 빈센트 반 고흐는 서른 점 이상의 자화상을 남겼다. 그중 이 그림은 반복되는 발작과 불안으로 가장 고통스러운 시간을 보낸 남프랑스 생레미 시절에 그린 것이다. 캔버스에 유채, 54×65센티미터, 1889, 오르세미술관, 파리.

전 세계인이 사랑하는 화가

반 고흐의 대표작 〈까마귀가 나는 밀밭〉으로 꾸며진 전시실을 거니는 사람들. 반 고흐는 살
아생전에 단 한 점의 그림밖에 팔지 못했다. 그러나 그는 자신의 그림이 지금은 팔리지 않아
도 언젠가는 사람들이 알아줄 것이라고 했다. 그의 말대로 이제 그는 누구나 그 이름을 알 만
큼 전 세계인이 사랑하는 화가가 되었다.

자연을 사랑한 화가
반 고흐는 파리에서 북서쪽으로 약 34킬로미터 떨어진 오베르쉬르우아즈라는 조용한 시골
마을에서 생의 마지막을 보냈다. 그는 거친 하늘 아래 드넓게 펼쳐진 이곳의 밀밭을 거닐며〈
까마귀가 나는 밀밭〉,〈먹구름이 드리운 밀밭〉등 몇 점의 풍경화를 남겼다. 그가 묻힌 곳도
밀밭의 양지 바른 곳이다.

❶ 쥔데르트 네덜란드
반 고흐가 태어난 곳

반 고흐는 1853년 3월 30일에 네덜란드 남부의 작은 시골 마을인 쥔데르트에서 개신교 목사인 테오도뤼스 반 고흐와 어머니 아나 코넬리아 카르벤튀스 사이에서 장남으로 태어났다. 그의 밑으로는 다섯 명의 동생들이 있었으며, 그중 셋째인 테오와는 평생에 걸쳐 깊은 우애를 나누었다. 열한 살이 될 때까지 고향에서 살았던 반 고흐는 혼자 있는 것을 좋아한 조용한 소년이었다고 한다.

❷ 런던 영국
구필화랑 런던 지점이 있던 곳

1869년, 구필화랑 덴하흐 지점에서 일하기 시작하면서 사회에 첫발을 내디딘 반 고흐는 스무 살이던 1873년 6월에는 구필화랑 런던 지점으로 발령받아 이듬해 가을까지 몸담았다. 런던 시절 반 고흐는 브릭스턴에서 하숙했고, 주인의 딸인 유지니 로이어를 좋아했지만 그녀는 이미 약혼한 상태였다. 반 고흐의 인생에서 처음 경험한 이 열정적인 사랑은 깊은 상흔을 남긴 채 끝나고 말았다.

❸ 보리나주 벨기에
탄광 노동자들과 동고동락한 곳

그림 파는 일을 그만두고 신학 공부를 하던 반 고흐는 1878년에 벨기에와 프랑스의 국경 인근에 있는 광산촌 보리나주로 가서 2년 동안 살았다. 그는 지독하게 열악한 환경에서 일하는 광부들의 곁에서 스스로 모든 안락을 거부하는 가운데 아픈 이들을 헌신적으로 돌보았다. 그러나 그의 광적인 봉사는 마을 사람들에게 기괴하게 비쳤고, 결국 원대한 종교적 포부는 모두 물거품이 되고 말았다.

❹ 뉘넌 네덜란드
〈감자 먹는 사람들〉의 배경지

에턴, 덴하흐, 드렌터 등을 떠돌며 예술가의 길을 모색하던 반 고흐는 서른 살이 되던 해에 뉘넌으로 돌아왔다. 그는 아버지가 몸담고 있던 교회 목사관 뒤편의 부속 건물을 화실로 쓰다가, 몇 달 뒤 마을의 가톨릭 교회 관리인의 집에 방을 얻어 나왔다. 2년간 뉘넌에서 머무는 동안 고흐는 약 200점의 그림을 그렸다. 그중 〈감자 먹는 사람들〉은 초기를 대표하는 걸작으로 꼽힌다.

❺ 파리 프랑스
인상주의 그림들을 접한 곳

1886년, 서른세 살의 반 고흐는 파리에 도착했다. 곧이어 그는 정기적으로 모델을 보고 그릴 수 있는 코르몽의 화실을 드나들었지만, 생각보다 도움이 되지 않는다고 여겨 석 달이 채 되지 않아 출입을 그만두었다. 파리에 머무는 동안 반 고흐는 도시 내외곽 풍경을 계속해서 그렸는데, 당시 핵심 사조인 인상주의의 영향으로 그의 그림도 어두운 화풍에서 벗어나 밝고 강렬한 색조로 변모하기 시작했다.

❻ 아를 프랑스
예술 공동체를 꿈꾼 곳

1888년, 반 고흐는 밝고 원색적인 빛과 색채를 찾아 남프랑스로 향했다. 그는 아를에서 밀레와 루소 등의 바르비종파 같은 예술 공동체를 실현하고 싶어 했다. 이에 동료 예술가들에게 아를로 오라고 제안했는데, 고갱만이 반 고흐의 초대에 응했다. 그러나 둘 간에는 심각한 균열이 일어나기 시작했고, 반 고흐가 자신의 귀를 자르는 사건이 일어나면서 그의 꿈과 열정은 파국을 맞고 말았다.

❼ 생레미드프로방스 프랑스
〈별이 빛나는 밤〉을 그린 곳

환각에 시달리던 반 고흐는 1889년에 생레미드프로방스에 있는 생폴드모솔요양원에 들어갔다. 그것은 자신의 평화뿐만 아니라 타인의 평화를 위한 자발적 선택이었다. 그는 반복되는 정신 발작으로 고통을 받다가도 어느 정도 괜찮아지면 다시 붓을 들었다. 그리하여 요양원 정원의 라일락과 붓꽃을 비롯하여 멀리 알피유산맥, 포도밭, 아몬드나무, 밤의 풍경 등 약 150점의 그림을 남겼다.

❽ 오베르쉬르우아즈 프랑스
생의 마지막을 보낸 곳

1890년 5월, 반 고흐는 파리에서 멀지 않은 오베르쉬르우아즈로 갔다. 그는 드넓은 고원으로 둘러싸인 그곳을 "그림 같은 곳"이라고 했다. 특히 거친 하늘 아래 광대하게 펼쳐진 들판은 그의 내면에 쟁여져 있던 지독한 슬픔과 고독을 소환해 내며 거대한 풍경화를 그리게 했다. 불안은 계속해서 그를 따라다녔고, 결국 1890년 7월 27일에 그는 들판에서 제 가슴에 총을 겨눔으로써 이승의 삶과 작별했다.

일러두기

— 단행본, 잡지 등 책으로 간주할 수 있는 것은 겹낫표(『 』)로, 책의 일부나 단편소설, 신문
  등은 홑낫표(「 」)로, 미술, 음악, 연극 등의 작품명은 홀화살괄호(〈 〉)로 표기했다.
— 외래어 표기는 국립국어원 외래어표기법을 따랐으나, 관습적으로 굳은 표기는 그대로 허
  용했다.

반 고흐

×

유경희

오베르쉬르우아즈 들판에서 만난 지상의 유배자

arte

반 고흐를 찾아가는 길

반 고흐가 정신 질환으로 1년간 요양한 생레미에는 고흐 루트를 표시한 표지가 이렇게 길 위
곳곳에 박혀 있다.

CONTENTS

속지 않는 자가 방황한다

방랑자 빈센트

우리는 고통을 겪은 유명인에게 더 큰 애정을 느낀다. 그래서인지 빈센트 반 고흐는 누구보다 우리 곁에 아주 가까이 있다. 그러나 빈센트의 대중적 친밀도는 그를 이해하는 데 그다지 큰 도움이 되지 못한다. 라이너 마리아 릴케가 프랑수아 오귀스트 르네 로댕을 두고 한 말처럼 명성이란 결국 하나의 새로운 이름 주위로 몰려드는 모든 오해의 총합에 지나지 않기 때문이다.

나 역시 어쩌면 그런 오독을 해명해 보자는 심산으로 빈센트에게 접근했다. 더불어 그를 이해하기 위한 여정이 결국 나 자신에게로 가는 탐색의 우회로가 될 것이라는 생각과, 무엇을 하든 내게 유익할 것이라는 판단이 작용했던 것 같다. 그리고 난 알아 버렸다. 나 역시 편견과 오해로 시작되어 또 하나의 오독을 생산하는 데 기여했을 뿐이라고 말이다.

빈센트는 당시로서는 비교적 늦은 나이인 스물일곱 살에 본격적으로 화가로서의 삶을 시작했다. 어린 시절부터 어머니의 영향으로 삽화와 소묘를 그리는 것은 그에게 일상적인 일이었다. 오늘날로 말하자면 고등학교 1학년 중퇴 정도의 학력을 가진 빈센트는 여러 직업을 전전했다. 가문의 사업이던 화랑에서 그림 파는 일을 하기도 했고, 서점에서도 일했으며, 아버지처럼 목사가 되려고도 했고, 벨기에 탄광촌의 전도사로도 일했다. 목사의 길을 포기한 것처럼 보이지만, 실상 그는 '목사를 등에 업은 화가'라고 보는 것이 타당하다. 그림을 그리면서도 영적이고 도덕적이며 숭고한 선교사로서 자기 일을 계속할 수 있었다고 고백했으니 말이다. 빈센트는 본격적으로 화가가 되기로 결심하고 양해도 구하지 않고 동생이 화상으로 일하는 파리로 왔다.

파리에서 빈센트는 많은 예술적 영감과 자극을 받기는 했지만, 그곳은 그가 머물 곳이 되지 못했다. 동료든 이웃이든 친밀한 인간관계를 원하던 빈센트에게 그 도시는 너무 크고 지나치게 화려했다. 그는 파리에서 엄청난 소외와 고립을 맛보았고 금세 염증을 느꼈다. 그리하여 평소에 추구해 오던 이상향을 재빨리 불러냈고, 그곳이 바로 남프랑스의 아를이었다.

사실 방랑벽이 심했던 빈센트의 발자취를 모두 따라잡기는 어렵다. 인생 자체가 노마드였던 그는 37년의 삶 속에서 네덜란드, 벨기에, 영국, 프랑스의 스무 개가 넘는 도시를 떠돌며 살았기 때문이다. 어쩌면 그에게 유목적 삶은 예술의 중요한 모티프가 되는 감정을 고양하는 데 중요한 기제가 아니었을까 싶다.

우선 빈센트의 노마드적 삶은, 네덜란드인은 어디든 다닌다는 그들만의 특유한 집단 무의식과 부모의 교육 방침 때문이었을 것이다. 예컨대 빈센트도 잘 알고 있었던 리하르트 바그너의 오페라 〈방황하는 네덜란드인〉만 보아도 그들의 습성을 가늠할 수 있다. 더군다나 열두 살 때 부모로부터 내쳐져 원하지 않는 기숙사 생활을 해야만 했던 사건은 평생토록 지속될 빈센트의 정신적 방황에 단초를 제공했다. 어쩔 수 없는 숙명처럼 노마드적 삶은 그의 평생 동안 함께한 실존적 조건이 되었다. 따라서 스스로 타자로 소외되었던 그가 또 다른 타자들과 함께하는 삶을 꿈꾸다 객사한 것은 그리 부자연스러운 일이 아니었을 것이다.

남프랑스 아를에서부터 시작된 빈센트의 마지막 3년은 그의 예술에 어떤 의미일까? 본격적으로 화가 생활을 한 10년 동안 약 1000점을 그렸고, 그중 마지막 3년 동안 300여 점을 제작했다. 그러나 그 300여 점은 빈센트의 예술 세계를 대표하는 하이라이트다. 걸작의 탄생으로 점철된 마지막 3년은 수만 볼트의 빛이 한꺼번에 켜졌다 사라져 버린 그런 순간이었다.

나의 여정도 바로 이 마지막 3년, 그러니까 아를, 생레미, 오베르쉬르우아즈에 집중되었다. 언제나 빈센트의 루트를 따라가 보는 여행을 꿈꾸었지만, 여행보다 읽어야 할 책들에 발목을 잡힌 탓에 떠남은 늘 유보되었다. 아니 그보다는 한 사람의 독자이자 팬으로서 미술사가와 대중이 만들어 낸 신화적 상상으로 가득 찬

예술가에 대한 환상이 깨질까 두려워한 것일지도 모른다. 언제나 그렇듯이 실체와 실상은 상상과 공상보다 열악하기 마련이니까. 그럼에도 한 존재의 실체에 다가서기 위해서는 환상이 깨지고 환멸을 넘어서야 한다는 생각이 나를 남프랑스로 향하게 했다.

빈센트의 마지막 3년

빈센트 예술이 빈센트답게 꽃을 피우기 시작한 곳은 단연코 남프랑스의 아를과 생레미다. 내가 빈센트를 매개로 남프랑스에 대한 동경을 강화한 것처럼, 그 역시 당대 예술가들로부터 영향을 받았다. 당시 벨에포크(유럽사에서 19세기 말부터 제1차 세계대전이 일어나기 전까지 경제적으로, 문화적으로 급속하게 발전하던 시기를 가리키는 말) 시대를 살던 많은 화가들은 산업화의 바람으로 혼돈스럽고 퇴폐적인 대도시를 떠나 때 묻지 않은 야생의 장소이자 전통의 풍습이 살아 있는 바르비종이나 브르타뉴 같은 시골 마을로 낙향했다. 그러나 미래 지향적인 화가들은 바르비종파의 전원적인 풍경과 장

아를의 거리

〈별이 빛나는 밤〉, 〈해바라기〉, 〈까마귀가 나는 밀밭〉, 〈꽃핀 아몬드나무〉 등 오늘날의 반 고흐를 있게 한 대표 걸작들은 그가 예술에 대한 열정을 가장 폭발적으로 분출한 생의 마지막 3년에 탄생한 것이다. 그 마지막 여정의 시작점이 남프랑스의 아를이었다. 사진은 아를 시절 반 고흐가 즐겨 찾던 카페로, 코발트색의 하늘과 노란색의 카페가 조화를 이룬 그의 또 다른 걸작인 〈밤의 카페 테라스〉의 배경이 된 곳이기도 하다.

프랑수아 밀레의 농부들이 불러일으키는 소박한 향수는 물론, 부르주아적 취향에 부합하는 인상파에도 더 이상 매력을 느끼지 못했다. 화가들은 새로운 유토피아를 상상해 내야 했고, 남프랑스가 바로 안성맞춤이었다. 지중해의 빛과 물이 있는 근원적인 아토포스. 빈센트도 파리로 온 지 얼마 안 되어 남프랑스의 여러 곳을 후보지로 떠올리다가 아를로 결정했다.

아를은 네덜란드인으로서는 자연스럽게 어렸을 때부터 친숙한 동양의 일본을 투사한 장소였다. 이 시절의 빈센트에게 좋은 것, 멋진 곳, 이상적인 것, 훌륭한 것은 모두 일본에서 온 것이었다. 이렇게 먼 곳에 대한 취향은 파리에 와서 더욱 진화했고, 급기야 아를을 일본과 동일시하게 되었다. 게다가 일본의 선승들에게도 매료되었던 빈센트는 그들처럼 예술가들의 공동체를 만들려는 꿈에 부풀었다. 물론 그는 일본에 가 본 적이 없을 뿐만 아니라, 건조하고 바람이 강한 아를의 기후는 일본의 습한 기후와 전혀 달랐다. 그렇게 도착한 아를은 그의 상상과는 달랐지만, 그는 그곳에서 매력을 찾으려고 노력했다.

그렇게 아를 시절이 시작되었다. 그곳에서 보낸 1년 3개월 남짓 동안 그토록 꿈꾸던 화가 공동체는 폴 고갱과의 불화로 결렬되고, 귀를 자르는 사건이 일어나면서 아를 시절은 끝이 났다. 그 후 근처 작은 도시인 생레미의 생폴드모졸요양원에 입원하여 또 약 1년의 시간을 보냈다. 사실 아를에서 꿈꾸던 공동체적 유토피아가 막을 내리면서 빈센트는 자신의 고향이 있는 북쪽을 그리워하기 시작했다. 그러나 샤를 피에르 보들레르의 말처럼 지상 어디에도

〈꽃핀 복숭아나무〉

1888년 2월, 반 고흐는 그가 존경한 선배 화가인 장 프랑수아 밀레가 그랬듯이 화가 공동체라는 새로운 꿈을 안고 시끄러운 파리를 떠나 최고의 밝음을 자랑하는 아를로 왔다. 이른 봄, 사방으로 꽃이 만개한 아를의 풍부한 색채에 완전히 매료된 그는 "순간순간 땅이 진동하는 것을 바라볼 각오를 하고 그림을 그렸다"라고 고백했을 정도였다. 그 화사한 풍경은 마치 그의 유토피아적 꿈에 대한 약속처럼 보였을 것이다. 캔버스에 유채, 60.2×80.9센티미터, 1888, 반고흐미술관, 암스테르담.

고향 같은 것은 없다.

빈센트는 병세가 완화되어 자신을 치료해 줄 정신과 의사가 있는 파리 근교의 오베르쉬르우아즈에서 생애 마지막 시간을 보냈다. 그 70여 일 동안 그는 80~100점을 그렸다고 하니 하루 한 점 이상을 그린 셈이다. 한 인간으로는 고통스러웠지만 예술가로서는 풍요로웠을, 약 3년 동안의 짧지만 길었던 여정은 그렇게 막을 내렸다.

탈주의 동거

"속지 않는 자가 방황한다"라는 자크 라캉의 아포리즘을 들었을 때 나는 그것을 즉각적으로 내 삶을 관통하는 메타포로 받아들이는 동시에 단박에 빈센트를 떠올렸다. 그는 창조적 모험이라고 할 만한 방황에 함께할 동반자를 평생 찾아 헤맸다. 사실 그는 일생 동안 기성세대의 보수적 이념과 구태의연한 체제에 대해 미심쩍은 시선으로 경계하며 저항했던 인물이기도 하다. 나는 그런 빈센트와 만나 수년간 동거했다. 그 동거는 정주가 아닌 탈주의 동거였다.

종잡을 수 없는 빈센트의 감정 파노라마에 나는 이리저리 휩쓸려 다녔다. 공감과 감응을 넘어선 '전이' 혹은 '빙의'와도 같은 체험이 지속되었다. 그처럼 슬펐고, 우울했고, 불안했고, 두려웠고, 분노했고, 외로웠고, 고독했다. 타인을 위해 이토록 오랫동안 눈물을 흘려 본 적은 없었다. 빈센트의 말대로 '눈물의 씨뿌리기' 같은 의미심장한 시간, 철학자 질 들뢰즈의 표현대로라면 저절로 '빈센트 반 고흐-되기'의 시간이었다. 역설적으로 그런 슬픔과 아픔 속에서도 살아 있음을 느꼈고, 원시적 생명의 에너지가 솟아났으며, 고통 속에서도 기묘한 쾌락이 존재했다.

빈센트처럼 사물과 사람을 보는 습성도 생겼다. 그는 사람들이 충분히 감탄하지 않는다며 불평했는데, 나는 무엇보다 그처럼 감탄하는 법을 배웠다. 그가 비 내리는 장면만 표현해도 눈물이 왈칵 쏟아졌다. 그렇게 울고 나면 무언지 정화되는 느낌이 들었다. 빈센트보다 더 수수께끼 같은 길을 배회한 화가는 없었다. 그의 방황과 방랑은 자기만의 삶을 구축하기 위한 너무도 건강한 삶의 드라이브이자 메커니즘이었다고 확신한다. 그렇게 내게도 빈센트의 방랑에 동참할 수 있었던 것은 잔인한 축복인 셈이었다.

빈센트의 예술적 행보를 반추하기 위해 떠난 프랑스 여행은 후회스러웠다. 언제나 그렇듯이 더 꼼꼼히, 더 진지하게, 더 고독하게 빈센트의 흔적을 따라가야 했노라고, 내일이 없는 것처럼 맹렬히 살았던 빈센트처럼 처절하게 방랑하는 삶이어야 했다고 생각한다. 여기 남은 기록은 빈센트의 자취를 좇는 물리적인 여행이라기보다는, 내가 빈센트라는 한 남자 혹은 한 인간과 접속하면서 그를 이해해 보고자 했던, 길고 고단한 방황의 기록이라고 보아도 좋다. 한 여자 몸의 반을 한 남자가 그늘처럼 드리워져 있는 르네 마그리트의 〈거대한 나날〉이라는 작품처럼 빈센트라는 인물은 나한테 찰싹 들러붙어 있었다. 지긋지긋했으나 지극히 투명한 지

생레미의 광장에서

평생 어디에도 정주하지 못하고 낯선 곳을 떠돌았던 반 고흐의 여정은 "속지 않는 자가 방황한다"라고 한 자크 라캉의 말을 떠올리게 한다. 지상의 망명자인 양 그의 삶은 늘 고달프고 애처로웠지만, 그 탈주의 드라마는 영원으로 이어진 위대한 예술을 탄생시켰다.

복의 시간이었다. 빈센트와 떠난 정신적인 여행, 그러니까 빈센트로 시작해 나에게 도달한 이 영적인 여행은 감히 감동적인 것이었다고 말하고 싶다.

빈센트의 작품들이 그렇듯이 이 책 역시 내 삶의 지난한 물리적, 정신적 방랑기에 쓴 것이다. 거리의 소음과 불편한 잠자리, 목디스크, 테니스엘보, 손목터널증후군, 게다가 빈센트의 말년을 지독히 괴롭히던 치통까지, 말로 다할 수 없는 기이한 신체적 증상과 현상이 일어났다. 그러나 지금 그와 이별할 시간이 다가오자 그런 통증이 서서히 사라져 간다. 반면 빈센트에게 테오가 있었듯이 내게도 지원군이 있었다. 내 삶을 돌이켜보면 아주 사소한 부분이라도 그것이 의식과 영혼을 진화하게 만드는 일이라면 어떤 신의 손길이 대신 감당해 주고 있다는 느낌이 든다. 이번에도 그랬다. 감동할 수 있는 순간을 선사해 주심으로써 심플하고 견고한 삶의 모델이 되어 주시는 최순희 고문님, 편안한 언덕처럼 마음을 내어 주시는 유연한 유연희 이사님, 책을 쓰는 동안에 기꺼이 마음을 내어 내가 바라던 비밀의 정원 같은 한옥을 지어 준 착착스튜디오의 김대균 건축가님. 나의 서촌 시대는 이분들과 함께 열렸다. 일어날 것 같지 않지만 불가능하지도 않은 인생의 모험을 위하여, 아직 끝나지 않은 방황을 함께할 이들에게 이 책을 드린다.

한 예술가의
초상

빈센트는 광인인가?

빈센트에 대한 세간의 가장 큰 오해는 무엇일까? 그것은 그가 광기에 치달아 죽어 버렸다는 것, 그러니 너무나 불행한 인간이었다는 것이다. 나는 감히 말할 수 있다. 그가 불행한 인간이었을지는 모르지만 절대로 불행한 화가는 아니었다고. 죽어서라도 인정을 받았으니 불행한 화가가 아니라는 뜻이 아니다. 여타 예술과는 달리 조형예술의 심리적 메커니즘을 볼 때, 그림을 그리는 일이 절대로 불행할 수만은 없는 일이라는 뜻이다. 즉 시각과 촉각과 같은 감각을 사용함으로써 파생되는 쾌감은 인간에게 잃어버린 원초적인 생명력을 부여하기 때문이다. 이미 많은 뇌 과학적인 연구에서 그림은 인간의 감각을 시각화하는 쾌락과 관련된 호르몬을 분비하는 것으로 밝혀진 바 있다.

그러니 그림을 그리는 빈센트는 단연코 행복했던 인간이다. 우울하기만 했다면 그는 그렇게 많은 작품을 그려 낼 수가 없었을 것이다. 아마 그림을 그리는 순간만큼은 생명력을 오롯이 활기 있게 유지할 수 있는 시간이었을 것이다. 홀린 사람처럼 작업하던 그의 집중과 몰입은 타의 추종을 불허했다. 궁극적으로 인간에게 상처받은 그를 받아준 것은 자연과 그림뿐이라고 믿었다. 그는 "화가는 행복하다. 왜냐하면 내가 본 것은 조금이라도 표현하고자 할 때 자연과 나는 조화되고 일체가 될 수 있기 때문이다"라고 했다. 이처럼 그는 자연을 무한의 계시로 여겼고, 자연은 그를 신비로운 여정으로 이끌었다. 그래서 자신 안에 자연을 흡수하려 했고, 또 자신의 생명과 피를 아낌없이 자연에 던지는 기분으로 그림을 그렸다.

사람들이 맨 먼저 떠올리는, 광기로 귀를 자른 빈센트는 진정 정신병자인가? 결론적으로 말하자면 만년의 질병이 정신 질환의 징후를 보였음은 분명하다. 평상시에는 확신과 회의를 왔다 갔다 했다는 면에서 정신병자가 아니라 신경증자에 가깝다. 죽기 1년 전, 갑작스럽게 습작 시절에나 하던 밀레 모사로 돌아간 것 역시 자기 작업에 대한 끊임없는 회의가 극에 달했기 때문이다. 아마도 요한 볼프강 폰 괴테는 이를 두고 '신성한 불만족'이라고 했을 것이다. 자기 작품에 대한 의심의 눈초리 역시 신경증자의 것이기 때문이다.

예술가뿐만 아니라 보통 사람들에게도 얼마간 이런 측면이 존재한다. 사실 르네상스 시대까지만 해도 광인은 신과 소통할 수 있는 초월적 상상력을 지닌 자로 간주되었다. 누구나 광기를 비이성적이고 배제해야 할 것이 아닌 이성을 초월한 신비스러운 능력으

존 피터 러셀이 그린 〈빈센트 반 고흐〉
반 고흐는 늘 부랑자 같은 모습이었다. 주근깨가 가득한 얼굴, 비뚤어진 입, 무섭도록 반짝이
는 가느다란 눈, 선명하게 붉은 머리카락, 나이에 비해 늙어 보이는 모습 등 누구도 그를 매력
적인 외모의 소유자라고 여긴 사람은 아무도 없었다. 그래서인지 그는 사진 찍히는 것을 극도
로 싫어했다. 대신 파리 시절에 알게 된 존 피터 러셀이 그린 이 초상화만큼은 좋아해서 테오
에게도 잘 관수해야 한다고 당부했다. 러셀은 반 고흐의 옆모습을 살짝 아래로 내려다보면서
사람들의 시선을 피하는 듯한 모습으로 그렸는데, 반 고흐가 이 초상화를 좋아했다는 것은
그 스스로 타인에게 그렇게 보이기를 원했다는 말도 된다. 캔버스에 유채, 45.6×60.1센티미터,
1886, 반고흐미술관, 암스테르담.

로 여긴 것이다. 하지만 17세기 이후 산업이 발전하면서 상황은 달라졌다. 노동을 선으로 간주하던 산업사회에서 정상적인 노동 활동이 불가능한 광기는 초능력이 아니라 무능력이었다. 그것은 오히려 악의 상징일 뿐이었다. 그런 의식이 만연하던 시기에 빈센트의 이상 행동은 광기로 여겨졌고, 사람들에게 불안과 공포를 안겨 주기에 충분했을 것이다. 광기가 극단적인 영감의 상태라고 한다면 오늘날 광기 없는 예술가들은 열등의식을 느끼기도 할 것이다. 광기는 예술 작업을 위한 엄청난 드라이브, 즉 역동이기 때문이다.

빈센트에 관한 또 하나의 오해는 그가 세속적인 성공과 무관한 인물이었다는 점이다. 사실 그는 성공이라는 불가능한 희망에 사로잡힌 사람이었다. 감정적 욕구와 예술적 야심이 결합되어 부지런히 광적으로 작업했다는 말이다. 그러니 화가로 산 10년 동안 불가능해 보이는 엄청난 그림을 그린 것이 아닐까?

그렇다면 빈센트는 늘 그림만을 생각했을까? 그렇지는 않았다. 다양한 분야에 관심이 많았던 그는 늘 딴 생각을 했고, 생각은 시시각각 변했다. 하루에도 감정이 수십 번씩 변했고, 늘 다른 직업이나 일을 도모하고자 했다. 그림으로 성과가 나지 않을 때는 농장 일, 군대 입대, 위생병, 다시 화상이 되어야 하는 것은 아닌지 불안해했다. 물론 이 모든 일을 꿈꾸었음에도 불구하고 빈센트를 안정되고 살 만한 삶으로 이끌었던 것은 그림 그리기였다. 그림은 불안을 차단하는 장막이 되어 주었다.

정상은 아니지만 해가 되지는 않는

오해를 받을 만한 여러 속성을 겸비한 빈센트는 예측 불허의 사람이었다. 한 내면에 두 개의 상반되는 기질을 가지고 있었으니 말이다. 먼저 테오와 가족, 고갱과 동료들, 그리고 빈센트 자신이 보는 이미지를 살펴보자.

테오는 자주 형이 이중인격을 가진 사람이라고 생각했다. 마치 두 명의 인물이 한 존재 안에 있는 것 같다고. 하나는 놀랍도록 재능이 많고 섬세하고 훌륭하며, 다른 하나는 이기적이고 무정하다는 것이다. 그 둘이 번갈아 가며 나타나는데, 서로 매우 적대적이라 완전히 상반되는 느낌이 든다고 했다. 그렇기에 불행히도 타인뿐만 아니라 자신마저 힘들게 하고 있다고 보았다. 부모는 빈센트가 컨디션이 좋을 때는 유쾌하고 명랑하며 농담도 잘 던지지만, 그렇지 않을 때는 뚱하고 신경질적이며 성질을 부리고 쉽사리 우울해한다며 그런 기질을 문제라고 여겼다.

고갱과 동료 화가들도 빈센트 안에 사랑스러운 면모와 참을 수 없는 면모가 동시에 존재한다는 것을 잘 알고 있었다. 절친인 에밀 베르나르에 따르면 빈센트는 끊임없이 자기 생각을 설명하고 발전시키면서 열정적으로 토론하는 경향을 보였다. 그러나 토론은 지루하고 장황할 때가 많았다. 이견을 참지 못했고, 이로 인해 성질을 부리고 예민해졌다. 이런 경향은 편지에서도 나타난다. 하루에 두 통의 편지를 쓴 적이 있었는데, 두 번째 편지가 장장 열여섯 장에 달했던 적도 있었다. 상대가 무응답으로 일관하면 더욱 말이 많아졌다.

고갱은 빈센트의 성격이 얼마나 급작스럽고 격렬하게 바뀌었는지를 회상했다. 지나치게 떠들썩했다가 불길할 만큼 조용한 태도로 돌아왔다가는 다시 이전처럼 바뀌었다는 것이다. 이처럼 고갱은 빈센트의 행동에서 드러나는 모순에 주목했다. 자신과 전쟁을 치르는 것 같았는데, 이를 사나운 내적 투쟁의 징후라고 보았다. 그렇지만 주변의 많은 사람들은 빈센트를 '정상은 아니지만 해가 되지는 않는 사람'이라고 생각했다. 소수의 사람들만 그를 알면 알수록 자신의 결점을 보충할 만큼 아주 흥미로운 내적 요소를 가지고 있다는 사실을 알게 되었다.

그렇다면 빈센트는 자신을 어떻게 생각했을까? 그는 자신이 어떤 사람인지에 대해 냉혹할 정도로 정확히 파악하고 있었다. 스물여섯 살 때 그는 "나는 정열의 인간이고, 다소 무분별하고 지나친 행동에 빠지기 쉽고, 그래서 종종 후회하기도 해. 더욱 참고 기다리는 편이 좋았을 때도 바로 말을 뱉거나 행동하는 경우도 자주 있어. 그러나 다른 사람들도 마찬가지로 경솔한 행동을 하지"라고 했다. 그는 자신이 예민하고 우울하고 변덕스럽다고 느꼈다. 자기가 보낸 호의나 작품에 대해 어떤 응답이나 보수가 곧바로 오지 않을 때는 낙담과 분노 혹은 모욕당한 것이 아닌가 하고 의심했다. 순진할 정도로 사람을 잘 믿는 그가 역설적으로 사람에 대해 곧잘 의심하고 의혹의 눈길을 보냈다는 점도 아주 특이한 사실이다. 더군다나 그는 자신의 광기에 대해서도 분명히 인식하고 있었다. 이처럼 그는 스스로에 대한 자각, 자신을 타자화해서 보는 능

반 고흐의 방

아를 시절의 반 고흐 방을 재현한 것이다. 반 고흐는 하루에도 수십 번씩 변하는 감정과 드높은 예술적 열망으로 인해 늘 어딘지 불안하고 광기에 사로잡혀 있는 듯해 보였다. 오직 자연과 그림만이 그의 불안을 잠재워 주는 차단막이 되어 주었다.

력도 갖추었다.

또한 빈센트는 자신이 어떻게 보이기를 원했을까? "사람들에게 나는 어떤 존재일까? 보잘것없는 사람, 괴팍스러운 사람, 불쾌한 사람일 거야. 사회적으로 아무런 지위도 없고, 그것을 갖지도 못할, 요컨대 최하 중의 최하급. 그래 좋아. 그것이 정말 사실이라고 해도 언젠가 내 작품을 통해 그런 괴팍한 사람, 그런 아무것도 아닌 사람이 그의 가슴에 가지고 있는 것을 보여 주겠어." 이처럼 그는 자신이 평범한 노동자로 보이기를 원했다. 자기를 날카로운 지성을 가진 사람보다는 뱃사공이나 철공 노동자처럼 보인다는 말을 듣고 너무 기뻐했다. 그는 노동자의 형상 속에서도 아름다운 영혼의 꽃을 피울 수 있음을 증명하고자 했다. 그리고 그런 노력으로 점철된 인생을 살았다.

타자와의 동일시

자신이 노동자처럼 보이기를 원했다는 것은 그만큼 노동자들 편에서 그들과 일치되고 싶었던 심경을 표현한 것이다. 나아가 빈센트가 노동자, 농민, 창녀* 등 소외되고 배제된 자들에게 특별한 공감 능력이 있다는 것을 의미한다. 하지만 그렇다고 그들이 빈센

---

* 오늘날에는 비하의 느낌이 담긴 '창녀'라는 말 대신 '성노동자'로 바꾸어 쓰는 추세이지만, 이 책에서는 고흐가 살던 당시의 맥락을 고려하여 이 말을 그대로 썼다.

트의 마음을 잘 받아 주었는지는 의문이다.

빈센트의 인성 하면 가장 먼저 떠오르는 것은 그가 연민과 동정심이 많은 사람이었다는 사실이다. 타인에 대한 감정이입이 지나쳐 일을 그르칠 때가 많았다는 것이다. 때로 지나침은 부족함보다 훨씬 나쁜 영향을 미친다. 빈센트의 인정은 대부분 가난하고 소외되고 어려운 사람들에게만 해당한다. 일종의 억강부약抑强扶弱으로, 다시 말해 강한 자를 누르고 약한 자를 도와주는 스타일이다. 강자한테는 맞장 뜨고, 약자한테는 한없이 부드럽고 좋은 사람이었던 것이다.

부르주아에 엄청난 반감을 가지고 있었던 빈센트는 벨기에의 보리나주 탄광촌에서는 노동자들과 동고동락한 가운데 그들과 일체되고자 했다. 생레미의 요양원에 있을 때도 고통에 빠진 환자에 대해 깊은 공감을 표했고 잘 동화했다. 이렇듯 그는 정신병자, 창녀, 빈자, 노동자, 농민, 탄광 인부, 어린아이 등 언제나 사회적 약자와 함께 생활하고자 했고, 그들을 구원할 수 있는 환경에서 보람을 느꼈다. 그는 소외된 자들과 함께할 때 고독감도 덜 느꼈다.

타인에 대한 빈센트의 연민과 동정의 심리적 메커니즘은 무엇일까? 이에 대해 그는 자신에게도 엄청나게 힘들었던 시절이 있었기 때문이라고 고백했다. 다시 말해 런던의 구필화랑에서 일할 때 하숙집 주인의 딸인 유지니에 대해 품었던 첫사랑의 결렬 때문이라는 것이었다. 자신의 열렬한 사랑이 정신적인 충격을 받을 만큼 급작스럽게 불화로 끝난 것에 대한 회한이 많았던 것이다. 그 사건은 그를 타인의 고통에 대해 민감하게 했던 것 같다.

〈울고 있는 여인〉

타인에 대한 연민과 동정이 남달랐던 반 고흐는 화가의 길로 들어서기 전에 아버지처럼 목사가 되려고 했다. 그는 예수가 그랬듯이 노동자, 창녀, 빈민, 정신병자 등 가장 낮은 곳에 있는 이들과 함께하는 삶을 꿈꾸었다. 그러나 일이 뜻대로 되지 않자 목회자가 자신의 길이 아니라는 것을 깨닫고 그림으로 세상에 생명의 씨앗을 뿌리기로 했다. 종이에 분필, 31.4×50.2센티미터, 1883, 시카고미술관, 시카고.

그뿐만 아니라 타자에 대한 동정과 연민은 빈센트가 어떤 대상에 대해서든 아주 빠르게 감정이입이 된다는 것을 의미한다. 타자와 내가 하나가 되는 것, 이것을 심리학에서는 동일시의 투사라고 부른다. 상대방과 나, 나와 타자가 하나라는 생각은 그만큼 상대방에게 기대하는 바가 많다는 것이다. 동일시하는 대상에게 크게 의존한다는 말이기도 하다. 빈센트는 사랑한 여자들, 부모, 동료, 테오 등 자신이 부분적이든 전면적이든 동일시한 이들에게 집착했으며, 그로 인해 괴로워하고 혼란스러워했다. 그에게는 자신을 투사할 대상이 필요했다. 평생을 그랬다.

지나친 공감 능력도 재능일까? 그러나 늘 공감하고 싶은 사람이 필요했던 빈센트에게 현실에서 그런 대상을 만난다는 것은 쉽지 않은 일이었다. 지속적으로 사람들에게 다가갔지만 사람들은 그의 의도를 왜곡하고 힘들어했다. 그로 인해 그에게 남은 것은 뼈저린 실망과 상처뿐이었다.

인내와 성실의 다른 이름, 천재

그렇지만 유일하게 빈센트를 아프게 하지 않는 대상은 사람이 아닌 그림이었다. 그림만이 그를 덜 외롭게 했다. 그림에 몰입하는 것만이 그의 자존감을 세워 주었다. 빈센트는 사람에게 못다 풀어낸 사랑과 열정을 그림에 쏟아 냈다. 이런 천착과 몰입이 그를 천재 화가로 만들었던 것일까? 그런 의미에서 통상 그에게 쏟아지는 천재라는 찬사는 사실 그와 어울리지는 않는다.

흔히 천재성을 '일정한 훈련 없이도 생산적인 결과를 산출해 내는 능력'이라고 정의한다면 빈센트에게 이 말은 일부만 옳다. 사실 천재라고 일컬어진 많은 예술가들은 자신들의 천재성이 단지 성실과 노고에서 비롯된다고 고백했다. 폴 발레리는 "천재! 오 긴 인내여"라고 했고, 샤를 보들레르 역시 "영감은 일상적인 훈련에 대한 보상일 뿐"이라고 했다. 이렇듯 천재들은 영감보다 끊임없는 훈련을 강조하고는 한다. 창조성과 영감은 비합리적인 신비한 어떤 힘이 아니라는 말이다. 빈센트 역시 테오에게 보낸 한 편지에서 "재능은 오랜 인내의 선물이고, 독창성은 강한 의지와 예리한 관찰을 통한 노력에 의해 얻어진다"라는 귀스타브 플로베르의 말을 인용한 적이 있다. 그야말로 빈센트의 천재성은 단지 인내의 소질일 뿐이다. 그 스스로도 자신을 아주 성실하고자 하는 인간이라고 누누이 강조했다.

빈센트가 이런 천재적인 예술가가 될 수 있었던 또 하나의 중요한 이유가 있다. 바로 정규 미술 교육의 폐해에서 자유로울 수 있었기 때문이다. 요즘 말로 유명 미술대학 출신이 아니기 때문이다. 그는 정규 미술학교가 "파리 화가들의 석고 모형"이라고 비난하면서 그런 불필요한 교육을 받지 않겠다는 다짐을 거듭했다. 그럼에도 벨기에의 최고 미술학교인 안트베르펜왕립미술원에 들어간 적이 있는데, 그것은 오로지 모델을 구하기 쉽다는 이유에서였다. 그러나 그는 정규 아카데미 교육 방식에 수긍할 수 없었다.

예컨대 수업 시간에 밀로의 비너스 석고상이 모델로 제시되었

반 고흐가 쓰던 화구

반 고흐는 정규 미술 교육을 제대로 받아 본 적이 없는 철저한 아웃사이더였다. 제도권의 보수적이고 틀에 짜인 교육 방식은 그와 전혀 맞지 않았다. 결국 독학으로 그림을 익힌 그는 약 10년이라는 화가로서의 짧은 경력이 무색할 만큼 특유의 거침없는 스타일로 엄청난 양의 작품을 탄생시켰다.

을 때, 빈센트는 그대로 따라 그리지 않고 네덜란드 농촌 여성의 팔다리 없는 몸통을 그려 놓았다. 그러니까 비너스를 어깨가 떡 벌어지고 엄청난 골반을 지닌 기이하고 살찐 부인의 모습으로 바꾸어 놓았던 것. 강사가 너무 맹렬히 달려들어 수정하는 바람에 종이는 찢기고 말았다. 빈센트는 벌컥 화를 내며 "당신은 젊은 여자를 모르는 게 분명해. 제기랄! 여자에게는 아기를 품을 만한 허리, 엉덩이, 골반이 있어야 해"라고 말했다. 이것이 빈센트가 참여한 마지막 수업이었다. 교수법이 완전히 틀렸다고 지적하는 빈센트와 강사 사이에 반목과 갈등이 시작되었고, 급기야 수업에서 쫓겨났던 것이다. 또 다른 수업에서는 선생이 빈센트가 과제로 제출한 소묘를 심사하고는 열세 살 소년과 함께 그리는 초급 과정으로 보내야 한다고 결정했다. 이처럼 미술원의 보수적이고 엄격한 교육 방식은 빈센트와 전혀 맞지 않았다. 아카데믹한 교육 현장에서는 실패와 거부만을 체험했을 뿐이다. 결국 그는 오래 머물지 못하고 떠나야만 했다. 이로써 빈센트는 독학으로 미술을 마스터해야 했으니, 타인들보다 몇 배 더 혹독한 훈련을 스스로 부과해야만 했다. 홈스쿨링도 아닌 맨땅에 헤딩하기 식의 독학 미술 수련이라니!

빠르게, 서둘러서, 전광석화처럼

급하게 그린 그림이 잇달아 나오는 것은 이미 오래전에 복잡한 계산을 많이 해 둔 덕분이다. 누군가 내 그림이 성의 없이 빨리 그

려졌다고 말하거든 당신이 그림을 성의 없이 급하게 본 거라고
말해 주어라.

— 빈센트 반 고흐, 『세상에서 가장 아름다운 편지』 중

빈센트의 노력과 인내와 성실함에 근간한 천재성은 결국 그 짧은 화업에 맞지 않는 엄청난 작품량을 탄생시켰다. 당시로서는 화가로 출발하기에 비교적 늦은 나이인 스물일곱 살에 화가가 되어 서른일곱 살에 생을 마감한 빈센트는 10년 동안 1000점의 작품을, 그중에서도 마지막 3년 동안은 300점을 그렸다. 그는 어떻게 그렇게 많은 그림을, 그것도 빨리 그릴 수 있었을까? 무엇이 그 짧은 시간에 작품성이 탁월한 수많은 그림을 그리게 한 것일까?

빈센트는 생각을 많이 하는 스타일이기도 했지만, 생각을 실현하는 데도 거침이 없었다. 생각이 많으면서 실행력도 빠른 사람은 흔하지 않다. 그러나 그에게서는 기이하게도 생각과 실천이 동전의 양면처럼 찰싹 들러붙어 있었다. 그런 실천력을 담보하듯이 그는 부산스럽게 몸을 많이 움직였다. 타고난 기질 때문이기도 하지만, 부모에게서 물려받거나 배운 것이 많았다.

목사인 아버지와 교회는 빈센트의 기질에 많은 영향을 주었다. 아버지는 흐로닝언파로 알려진 개혁신학 운동을 추종했는데, 그것은 강건한 육체와 쾌활함을 중시하는 신앙이었다. 즉 실천적인 신앙, 활동적인 신앙, 영혼만 돌보는 것이 아니라 선행을 실천해야 한다는 생각을 가진 신앙이다. 이런 환경 속에서 빈센트는 평소 자연스럽게 몸에 밴 선행을 대수롭지 않게 실천했다.

어머니의 영향도 빼놓을 수 없다. 근검과 절제를 강조하는 칼뱅교의 전통에 따라 어머니는 항상 손을 놀리지 말라고 충고했다. 손을 쉬게 하는 것은 죄악이라고 가르쳤다. 한시도 손을 가만두지 않고 무엇인가를 만들어 내던 어머니는 부지런하다 못해 광적으로 분주하게 살았다. 게다가 그녀는 왕실 제본사의 딸로, 아마추어 삽화가이기도 했다. 소묘와 수채화를 그렸는데, 틀에 박힌 꽃 그림을 그리며 시간을 보냈다. 뜨개질도 엄청 잘해서 거의 광초속의 솜씨였다. 피아노도 쳤고, 책도 읽었으며, 그렇지 않으면 청소를 강박적으로 해댔다. 어머니 역시 빈센트처럼 지칠 줄 모르게 뒤죽박죽 중언부언의 문장으로 편지를 썼다. 그녀는 우울 예방책으로 자식들에게 "다른 일에 계속 정신을 쏟도록 해라"라고 조언했다.

아마도 역사상 가장 우울한 동시에 가장 생산적이었던 화가들 중 한 명이 빈센트임을 상기하면 분명 어머니로부터 받은 영향이 지대했음을 눈치챌 수 있다.

그러니 빈센트의 그림 그리는 속도가 엄청나게 빠른 것은 집안 환경과 분위기 속에서 오랜 시간 훈련된 결과일 뿐이다. 그는 손쉽게 대상을 스케치하는 데서부터 화가로서의 삶을 시작했다. 그가 그림 그리는 모습을 본 많은 사람들은 그 모습에서 매우 깊은 인상을 받았다. 예컨대 그는 아주 빠르고 불규칙적인 보폭으로 캔버스 앞을 서성이다가 다시 뒤로 물러나 캔버스를 오랫동안 노려보았다. 갑자기 캔버스를 공격할 것처럼 뛰어들면서 빠르게 두세 번 붓질을 하고 다시 의자에 앉아 눈을 찡그리며 이마를 닦고 손을 비볐다. 이것은 빈센트의 육체적 리듬이었다. 그도 스스로를

반 고흐의 어머니

반 고흐의 예술적 재능과 지칠 줄 모르는 생산성에는 왕실 제본사의 딸이자 아마추어 삽화가
였던 어머니 아나 카르벤튀스의 영향이 컸다. 어린 빈센트는 어머니에게서 미술을 비롯하여
책 읽기와 음악 등을 배웠다. 또한 어머니는 늘 아이들에게 한시도 쉬지 않고 손을 놀려야 한
다는 것도 강조했다. 캔버스에 유채, 32.5×40.5센티미터, 1888, 노턴사이먼미술관, 패서디나.

말하거나 행동할 때 긴장하거나 서두르는 경향이 있다고 인정했다. 그러나 그가 얼마나 빨리 대상을 화폭에 옮겼든 이는 사전에 매우 세심하게 계획한 것이라 볼 수 있다. 그는 기본적으로 생각이 많고 책을 많이 읽는 사람이었으니까.

빈센트가 그림을 빠르게 그리는 또 다른 이유는 자신이 존경하는 화가들의 그림이 매우 빨리 그려졌다고 판단했기 때문이다. 특히 외젠 들라크루아를 좋아했는데, 화가란 모름지기 건물에서 떨어지는 물체를 찰나에 묘사할 수 있어야 한다는 그의 모토에 매료되었다. 더불어 자신이 존경한 화가들인 아돌프 몽티셀리, 오노레 도미에, 장 바티스트 카미유 코로, 샤를 프랑수아 도비니, 밀레의 그림이 매우 빠르게 그려졌고, 좋은 작품도 그중에서 상대적으로 많다는 것을 깨달았다. 자신이 그린 풍경화만 보아도 빨리 그린 것 중에 좋은 작품이 많다고 느꼈다. 그리하여 빈센트는 겁나게 빠른 속도로 많은 습작을 해내는 것이 진정 좋은 작품을 생산해낼 것이라고 굳게 믿었다. 결국에는 양이 질에 자리를 내줄 거라고 생각한 것이다. 그는 결코 통달하지 못할 정확성보다는 속도가 더 중요하다고 주장했다.

그러다 보니 무수한 종이와 연필과 펜을 사용할 수밖에 없었다. 같은 대상과 주제로 그림을 그리고 또 그렸으며, 캔버스의 물감을 긁어내고 또 긁어냈다. 그러다 보니 부모가 허용할 수 있는 것보다 더 많은 돈을 금세 써 버렸다. 근검절약을 하겠다고 큰소리를 쳤지만 전혀 비용을 아끼지 않았다. 그는 무시무시한 속도로 재료를 없앴고, 비싼 종이 수십 장을 한 수업 시간에 다 써 버렸다.

이는 빈센트의 경제적 상황에서는 참으로 아이러니한 방식이었다. 사실 빨리 그린다는 것은 그만큼 재료를 많이 소비한다는 것이고, 가난한 빈센트에게는 돈이 엄청나게 많이 든다는 것을 의미했다. 그렇지만 빈센트는 비용 지출이 심각한 자신의 작업 습관을 정당화했다. 이런 막대한 소비에 대해 그는 "많이 쓸수록 빨리 성공하고 많이 발전할 겁니다"라고 장담했다. 더군다나 유화를 시작하자 "번개처럼 빨리 그릴 것이며, 내 붓에 더 많은 활력을 불어넣겠다"라고 다짐했다. 건강한 남자답게 물감을 캔버스에 칠하는 유일한 방식은 주저 없이 칠하는 것뿐이라고 주장했다.

가장 낭비가 심했던 부분은 모델료였다. 대도시에서는 모델에게 돈을 지불해야 했다. 그는 모델료가 비싸다고 투덜거리면서도 좋은 작업을 하려면 별 수 없이 많은 모델이 필요하다고 언급했다. 더군다나 모델한테 입힐 옷값까지 필요했다. 적당한 작업실도 필요했다. 부모는 빈센트의 무리한 요구에 휘청거렸다. 아버지가 매달 보내는 60프랑은 목회자 봉급의 3분의 1 이상이었다. 그리고 이때부터 테오가 형을 부양하겠다고 약속했다.

〈감자를 먹는 사람들〉을 그릴 때 빈센트는 하루아침이면 습작한 점을 완성할 수 있다고, 더 신속하게 작업할 것이라고 의기양양하게 다짐했다. 어쨌거나 이렇듯 빨리 서둘러 그리는 빈센트는 짧은 기간 막대한 양의 미술 재료를 소비했지만 그만큼 너무나도 보석처럼 빛나는 훌륭한 예술 작품을 후대에 남겼다. 빈센트의 낭비는 무죄다!

오베르쉬르우아즈의 들판

오베르쉬르우아즈에서 죽기 전 빈센트는 불안한 하늘 아래 펼쳐진 거대한 밀밭을 보면서 명료한 정신으로 극도의 슬픔과 고독을 표현하고자 노력하고 있다고 했다. 또한 시골 생활을

통해 건강과 원기도 되찾았다고 전했다. 사람들의 편견과 달리 그는 제정신을 유지하기 위해
날마다 누구보다도 분투한 건강하고 성실한 사람이었다.

빈센트에게 '예술가'라는 의미는? 그것은 바로 '나는 탐구한다, 나는 분투한다, 나는 열중한다'는 뜻이다. 빈센트는 자신이 목표하는 바가 생기면 몰입의 강도가 막강한 존재였다. 호기심과 사명이라는 두 개의 키워드가 들러붙으면 무슨 일이든 지나치게 열심히 했다. 책도 열심히 읽고, 편지도 많이 쓰고, 소묘도 엄청나게 해대고, 어머니가 아팠을 때는 간호도 헌신적으로 했다. 그는 언제나 너무나 부지런하고 성실한 남자였으며, 방탕했던 적이 거의 없었다. 잠시 동안의 파리 생활에서 대도시의 환락에 몰입한 적이 있었으나 금세 싫증을 냈다.

빈센트는 즉흥적인 사람이기도 하지만, 역설적으로 매일 규칙적으로 일하는 작가에 속했다. 규칙적인 가운데 가능한 빨리 많이 멀리 가는 것, 그것이 그의 일과였다. 그는 늦었다고 여겨지는 나이에 본격적으로 그림을 시작하자마자 어쩌면 자신의 시간이 얼마 안 남았을지도 모른다고 본능적으로 깨우쳤는지도 모른다. 그는 많은 시간을 허비했다고 느꼈고, 규칙적으로 작업을 지속해야 한다고 자신을 몰아세웠다.

빈센트가 정말 미친 사람이었다면 그렇게 규칙적으로 온전히 그림을 그려 낼 수 없었을 것이다. 그가 그림을 그렸다는 것은 제정신을 유지하려고 부단하게 노력했다는 증거다. 그림 그리는 일은, 그것도 추상도 아니고 구상은 매우 아폴론적인 장르이기 때문이다. 물감을 섞어 제대로 된 색을 만들고, 형태를 만들고 구성을 한다는 것은 매우 이성적인 집중과 온전한 정신을 요구하는 일이니까 말이다.

이처럼 빈센트는 최선을 다했다. 누군가 말했다. 최선이란 자신이 하는 일에 스스로 감동할 때나 쓰는 단어라고. 빈센트는 순간순간 최선을 다했지만, 매일이 만족스럽지는 못했던 것 같다. 오베르쉬르우아즈에서 죽기 20일 전 그는 테오에게 썼다.

여기 돌아와서 다시 일을 시작했어. 그러나 붓이 손에서 떨어져 내리는 것 같아. 그래도 자신이 바라는 바를 잘 알기 때문에 다시 세 점의 큰 캔버스를 그렸어. 불안한 하늘 아래 펼쳐진 거대한 밀밭이야. 나는 명료한 정신으로 극도의 슬픔과 고독을 표현하고자 노력했어. 곧 볼 수 있을 거야.

— 빈센트 반 고흐, 『세상에서 가장 아름다운 편지』 중

누구보다 건강하고 성실했으며, 사랑받고 싶고 인정받고 싶고 쓸모 있는 인간이 되고 싶어 했던 한 남자, 그의 지나친 노력과 헌신은 과도한 운명이 되었다.

유년의
빛과 그림자

고립된 소년

빈센트는 반 고흐 가문에서 가장 불쾌한 아이로 낙인찍혔다. 태생부터 남달랐기 때문일까? 형의 대체아로 태어난 것 말이다. 빈센트가 태어나기 바로 1년 전인 1852년 3월 30일, 목사인 아버지 테오도뤼스 반 고흐와 어머니 아나 카르벤튀스는 아들을 낳았다. 그러나 사산이었다는 설도 있고, 태어난 지 얼마 되지 않아 사망했다는 설도 있다. 그때부터 정확히 만 1년 뒤 빈센트가 태어났다. 죽은 형의 생일과 같은 날에 태어난 아이는 이름마저 형의 것을 그대로 물려받았다. 물론 유아 사망률이 매우 높았던 당시 네덜란드에서 먼저 죽은 아이의 이름을 이어받는 것은 흔한 일이었다. 죽은 형과 같은 날에 태어났다는 사실이 빈센트의 삶을 더욱 미스터리하게 했을까?

당시 무구한 어린아이의 죽음에 대한 애도는 대중의 상상력을 자극했다. 빈센트의 부모는 부임지인 쥔데르트의 교회 옆에 있는 신교도 공동묘지에 "상처 입은 어린아이들아, 내게로 오라"라는 인기 있는 시구를 적은 묘지 표석을 만들었다. 그 표석에는 태어나자마자 죽은 아들의 이름이 적혀 있었다. 빈센트 반 고흐! 유년 시절 빈센트는 자기 이름이 새겨진 묘비 근처에서 놀았을 것이다. 그때 그 아이는 어떤 심경이었을까? 빈센트는 이 교회에서 열여섯 살 때까지 살았으니 이곳을 지나칠 때마다 데자뷔 같은 묘한 기분을 느꼈을 것이다.

더구나 장남을 잃은 어머니는 차남이 태어난 뒤에도 그 슬픔을 지우지 못했다. 그녀는 매일같이 사택 바로 옆에 있던 죽은 아들의 무덤을 찾았다. 자신이 어머니의 관심 대상이 아니라는 애달픈 심정의 단초가 이때 빈센트의 마음에 싹텄을 것이다. 어머니의 따스한 애정을 받고 싶었던 마음에 석연하지 않은 슬픔과 울적함을 남긴 것이다. 그런 어머니는 마치 장남의 죽음이 빈센트의 탓인 듯 그에게 가혹하게 대했다. 먼저 죽은 형의 이름을 빈센트에게 그대로 붙임으로써 평생을 형에 대한 애도와 죄의식 속에서 살게 한 것이다.

문맹이 만연하던 시절, 빈센트는 극성스러운 엄마 덕분에 일곱 살 때 읽기와 쓰는 법을 깨우쳤다. 여덟 살에는 쥔데르트의 공립 초등학교에 들어가 1년간 다녔다. 오늘날이라면 ADHD에 가까웠을 빈센트의 산만함은 규율을 중시하는 학교 방침과 어긋났다. 그는 못된 짓을 꾸미고 두들겨 맞고 장기간 무단결석을 했다. 부모는 아들 교육을 망치지 않으려고 갖은 애를 썼지만 결국에는 학교를 자퇴시키고 말았다. 신분과 계급에 차별을 두던 엄마는 농부의

반 고흐의 아버지가 몸담았던 교회

반 고흐의 아버지 테오도뤼스 반 고흐는 네덜란드 개신교 교회 목사였다. 교회 묘지에는 반
고흐보다 먼저 태어나 죽은 형의 묘비가 있다. 그로부터 정확히 1년 뒤 반 고흐가 태어났다.
아버지는 신의 권위와 자신의 권위를 동일시하는 권위적이고 독선적인 면모를 가진 한편으
로, 아이들에게 상냥하고 부드럽게 다가가는 면모를 모두 가지고 있었다. 반 고흐는 아버지의
그런 두 얼굴을 그대로 물려받았다.

사내아이들과 어울리게 한 것이 아들을 거칠고 반항적으로 만들었다고 생각했다. 낙심한 부모는 아들이 자퇴한 뒤 3년 동안 홈스쿨링을 시도해 보았지만 역부족이었다.

마침내 열한 살의 빈센트는 고향 쥔데르트에서 20킬로미터 떨어진 제벤베르헨에 있는 프로빌리사립기숙학교에 들어갔다. 부모는 자식의 의사를 물어보지도 않고 외톨이 성향이 있던 빈센트를 기숙사에 집어넣었다. 빈센트는 부모가 자기를 데려다 놓고 마차를 타고 떠난 순간부터 외로움에 휩싸였다. 그때의 헤어짐은 눈물 어린 작별의 이미지로 그의 가슴에 평생 지울 수 없을 만큼 깊이 각인되었다. 훗날 빈센트는 이 시절을 인생에서 일어난 일 중 가장 아프게 묘사했다. 그는 부모의 이 행동을 평생 용서하지 않았다.

빈센트는 열세 살 때 고향 부근의 틸뷔르흐에 있는 기숙중학교에 들어갔다. 당시로서는 보기 드물게 자유로운 학풍을 지닌 곳이었다. 그는 처음으로 즐거운 학교생활을 맛보았다. 그러나 2학년에 되면서 또다시 엄격한 규율의 강압을 견디지 못하고 결국 중퇴하고 말았다. 그는 불명예를 안고 다시 부모님이 있는 쥔데르트의 목사관으로 돌아왔다.

빈센트의 어머니는 자식들에게 좋은 평판을 유지하기 위해 교양 있는 집안하고만 교류해야 한다는 의식을 심어 주었다. 어머니는 인생의 성공과 행복은 훌륭한 친구들과 어울리는 것에 달렸고, 모든 실패와 죄악은 나쁜 친구들과 사귀는 데서 온다고 믿었다. 하류층 사람들과 접촉하는 것이야말로 유혹에 더 쉽게 노출된다고 여겼다. 그녀는 아이들이 훌륭한 집안에 초대받을 때마다 즐거운 비명을 질렀고, 친교를 위한 상세한 지침을 주었다. 그러니 빈센트가 훗날 창녀 같은 비천한 여자들을 사귀는 것을 보고 얼마나 실망했을지 불을 보듯 훤하다. 교우 관계를 간섭하는 어머니 때문에 반 고흐 집안 아이들은 거리에서 놀지 못하고 목사관 안이나 정원에서 고립된 채 보냈다. 아마도 빈센트가 유년 시절 적절한 교우 관계를 맺지 못하고 평생 동생 테오와의 관계에만 집착한 것도 같은 이유에서일 것이다.

성서 앞에 놓인 『삶의 기쁨』

아버지 테오도뤼스는 발음이 나쁘고, 단어를 까먹거나 혼동하는 등 좋은 설교자는 못 되었다. 가족조차 그가 대중적인 연설자로는 재능이 없음을 인정했다. 아버지는 목회 활동이 끝나면 가족들과 거리를 둔 채 다락방 서재에서 쓸쓸한 시간을 보냈다. 그는 파이프 담배와 시가를 즐겨 피웠고, 술은 조금씩 즐겼다. 병치레가 잦았던 그는 아플 때면 더욱 침울하게 홀로 침잠했다.

동시대 아버지들이 그러하듯이 테오도뤼스는 가정 안에서 신의 대리자로 군림했다. 자신의 권위는 곧 신의 권위였고, 이것이 도전받을 때면 독선적인 분노를 터트렸다. 이런 아버지 밑에서 빈센트는 그를 실망시키는 것이 신을 실망시키는 것임을 일찌감치 깨달았다. 물론 테오도뤼스에게는 부드럽고 상냥한 면도 있었다.

아이들의 감정이 다치면 사과하고, 아이들이 아플 때면 침대 곁으로 달려갔다. 아이들을 의심하거나 심판하지 않고 지지하고 용기를 북돋우어 주기도 했다. 그는 아이들을 위해 사는 것이 인생의 목표라고 선언했다. 그러나 빈센트가 일으키는 비행과 위기 때마다 그는 갈팡질팡하는 태도를 보였다. 즉 심하게 비난한 뒤 애정의 맹세를 하는 식이었다.

빈센트는 현실 속 아버지와 목회자 아버지 사이에서 방황했다. 설교단에 선 아버지는 본받고 싶은 인물임이 틀림없었다. 그는 아버지와 똑같이 방어적인 의심으로 외부 세계에 접근했다. 자신에게 도전하는 사람에게는 아버지처럼 강경한 태도로 대했고, 얕본다고 느껴지면 신경질적으로 반응했다. 이렇듯 아들은 아버지의 독선과 강직함, 그리고 내향성과 우울과 단식과 속죄 의식을 그대로 물려받았다. 반대로 아버지가 가난한 사람을 돕고 슬픔에 빠진 사람을 위로하는 모습은 빈센트의 성인기를 특징짓는 중심적인 이미지가 되었다. 아버지 같은 삶을 따르리라는 생각은 빈센트의 삶과 예술에서 중요한 추동력이 되었다.

그런데 정작 아버지는 아들을 이해하는 것이 너무나 힘들었다. 우울하고 고집스럽고 어딘지 심통이 나 있는 빈센트의 모습을 보는 것이 괴로웠다. 신의 은총이 아들에게는 전혀 미치지 않았다고 생각했다. 과부가 된 사촌 누이에게 청혼하고, 창녀와 결혼하겠다고 선포하고, 학교를 중퇴하거나 퇴학당하고, 목사의 길도 실패하고, 돈도 못 벌고 제멋대로 물의만 일으키는 아들을 아버지로서는 비난하고 심판할 수밖에 없었다. 그런 까닭에 아버지는 빈센트를 자기가 짊어져야 할 십자가로 치부했다.

빈센트 역시 점점 더 아버지를 최악의 적으로 간주했다. 특히 자신을 정신병원에 입원시키려 했던 아버지를 평생 크게 원망했다. 결국 1885년 아버지가 사망하기 직전에 부자의 연을 끊었다. 빈센트는 당시 테오와 나눈 편지 속에서 아버지를 심지어 '그 인간'이라고 부르며 그의 오만과 독선을 적나라하게 비난했다. 테오는 늙어 가는 아버지를 더 이상 공격하지 않도록 형을 달랬다. 그리고 겨우 몇 주 뒤에 아버지가 돌아가셨다. 사인은 뇌졸중이었다. 급작스러운 죽음이었다.

빈센트는 여기저기서 비난의 소리를 들어야만 했다. 주변 사람들도 아버지와 아들이 오랫동안 지난한 다툼을 해 온 것을 잘 알고 있었기 때문이다. 아무도 면전에 대고 말한 적은 없지만, 누이 아나만이 원망을 쏟아 냈다. 오빠가 아버지를 죽였다고. 흥미로운 점은 빈센트가 아버지의 죽음과 장례에 대해 단 한마디도 자신의 생각을 밝힌 적이 없다는 사실이다. 그렇게 묘사력이 풍부하고 섬세했던 그가 말이다.

아버지가 죽고 난 뒤 빈센트는 아버지의 유품을 보게 되었다. 모서리에 구리를 댄, 이중 놋쇠 잠금 장치가 있는 아름다운 성서였다. 아버지가 장남이 아닌 차남 테오에게 물려준 유품이었다. 무신경하게도 어머니는 빈센트에게 이 책을 테오에게 부쳐 주라고 한 것.

성서를 받아 든 빈센트는 이를 모티프로 그림을 그렸다. 그림 속 탁자 위에는 성서가 비스듬히 놓여 있고, 옆에는 아버지의 죽

〈성서가 있는 정물화〉
아버지의 죽음을 상징하는 불 꺼진 촛대와 구약의 이사야 편이 펼쳐져 있는 성서 앞에는 빈
센트가 좋아한 에밀 졸라의 『삶의 기쁨』이 놓여 있다. 캔버스에 유채, 78.5×65.7센티미터,
1885, 암스테르담 반고흐미술관 소장.

음을 상징하는 불 꺼진 촛대가 서 있다. 압도적으로 크게 그려져 있는 성서는 바로 아버지를 의미한다. 펼쳐져 있는 부분은 구약의 이사야 편이다. 어떤 이는 이사야 53장이라고 하고, 또 어떤 이는 이사야 1장 2절이라고도 한다. 1장 2절에는 "하늘아 들어라. 땅아 귀를 기울여라. 야훼께서 말씀하신다. '자식이라 기르고 키웠더니 도리어 나에게 반항하는구나'"라고 적혀 있다. 이는 빈센트를 향한 아버지의 일갈이었을 것이다.

이와 더불어 눈에 띄는 것은 성서의 발치와 책상 모서리에 아슬 아슬 걸쳐져 있는 자그마한 책이다. 바로 빈센트가 애독하던 에밀 졸라의 『삶의 기쁨』이다. 이 작품은 '진실로 살고 싶다면 사람은 노력하고 위험을 범할 필요가 있다'는 주제를 모토로 한다. 빈센트는 생전의 아버지와 이 책을 두고 논쟁을 벌이기도 했다. 아버지는 아들이 기독교에서 완전히 벗어나 졸라와 자연주의에 심취했다고 혐오했다. 성서 앞에 졸라의 책을 그린 것은 아버지의 완전무결하고 격식을 차린 삶과 신앙에 대한 빈센트의 도전이었다. 그러니까 아버지와의 물리적인 헤어짐이라기보다는, 아버지의 신앙과 신념으로부터의 결별을 의미하는 것이었다. 빈센트는 스스로 돌아온 탕아가 되어 아버지에게 돌아갈 날을 꿈꾸었다. 그러나 아버지는 아들의 영광이 시작하는 것을 보지도 못하고 일찍이 세상을 떠나 버렸다.

빈센트의 부계 쪽으로는 목사 이외에도 화상이 있었다. 아버지의 네 형제들 중 세 명이 화상이었다. 빈센트도 화상으로 일한 적이 있고, 테오 역시 평생 화상으로 살았다. 빈센트의 부모는 빈센트가 신을 섬기는 고귀한 목표를 통해 가문의 명예를 이어 나갈 수 없다면 또 다른 가업에 종사함으로써 가족의 체면이라도 세우는 수밖에 없다고 결론지었다. 특히 큰아버지의 미술품 중개업은 빈센트가 물려받아야 할 유일한 천직으로 여겨졌다.

본명이 빈센트와 똑같은 큰아버지 센트는 빈센트의 인생에서 테오 다음으로 특별한 의미를 차지한다. 1840년대 말에 센트는 '반 고흐 국제 미술상'이라는 이름으로 덴하흐에서 성공한 사람이었다. 당시 그의 이름은 네덜란드와 전 유럽에 걸쳐 미술품 거래를 뜻하는 용어가 되었다. 센트의 회사는 경이적으로 번창해 당대 굴지의 미술상이던 파리의 아돌프 구필과 제휴를 맺게 되었다. 1829년 파리에 설립된 아돌프구필재단은 처음에는 단순히 복제본 그림을 매매하던 곳이었지만, 1864년부터 점차 화랑으로 발전하여 파리뿐만 아니라 런던, 베를린, 뉴욕에까지 지점을 두고 있었다. 센트의 화랑은 구필화랑의 네덜란드 에이전시 역할을 대신했다. 1861년에 구필화랑의 자매회사가 되면서 센트의 형인 헤인은 브뤼셀에서, 코르는 암스테르담에서 지점을 운영했다. 이렇듯 반 고흐 집안은 네덜란드 미술 시장에서 아주 영향력 있는 가문이 되었다.

화상으로서 막대한 부를 거머쥐었지만 재산을 물려줄 자식이 없었던 센트는 우울증으로 은퇴하고 싶어 했다. 이때 자연스럽게 후계자로서 조카 빈센트에게 관심을 가졌다. 그리하여 그 첫 단계로 빈센트를 구필화랑의 덴하흐 지점에 취직시켰다. 중학교를 중퇴한 빈센트는 열여섯 살에 구필화랑 덴하흐 지점의 견습사원이 되었다. 요즘 식으로 말하자면 중학교 3학년 혹은 고등학교 1학년의 나이에 직장 생활을 시작한 것!

빈센트는 이곳에서 바르비종파 화가들의 복제 그림을 팔았다. 화상 일은 덴하흐의 유명 화가들을 만나는 계기가 되었을 뿐만 아니라, 화가의 길로 들어서기 전에 미술을 보는 기본적인 안목을 키울 수 있는 기회가 되었다. 이는 빈센트의 미술에서 자연히 큰 비중을 차지하게 되거나, 바르비종파의 대부인 밀레에게 많은 영향을 받게 된 데 일정한 역할을 했다. 빈센트가 미술적인 취향을 발전시킬 수 있었던 것도 큰아버지 센트 덕분일 것이다. 아이러니컬하게도 훗날 센트는 화가가 된 빈센트의 그림을 전혀 이해하지 못했지만 말이다.

빈센트는 잠시나마 그림을 파는 세일즈맨 역할을 훌륭하게 해냈다. 직업에 대한 자부심도 대단했다. 그는 미술품의 가치와 희소성, 유행과 수요에 대한 본능적인 감각을 드러냈다. 고객들이 있는 곳이라면 어디든 마다하지 않을 만큼 열성적이었고, 자신의 새로운 역할에 자부심을 느낀다고 부모를 안심시켰다. 그러나 이 분야에서의 성공 가능성도 그의 외로움을 달래 주지는 못했다. 훗날 그는 덴하흐에서 화상으로 일하던 초창기 시절을 '가련한 시

구필화랑이 있었던 덴하흐광장

반 고흐가 중학교를 중퇴하고 열여섯 살이 되자 그의 부모는 그를 큰아버지 센트가 운영하는 구필화랑 덴하흐 지점의 점원으로 취직시켰다. 반 고흐는 화랑 일을 하면서 유명 화가들과 작품들을 접했고, 이는 그가 장차 화가의 길로 들어서는 데 중요한 밑거름이 되었다. 특히 밀레를 중심으로 한 바르비종파 화가들의 작품에서 많은 영향을 받았다. 사진에서 동상 오른쪽 노란색으로 표시한 하얀 건물이 바로 구필화랑이 있었던 자리로, 현재는 카페가 들어서 있다.

기'였다고 회고했다.

빈센트는 구필화랑 덴하흐 지점에서 근무한 지 4년 뒤 브뤼셀 지점으로 옮겼다가 이어 런던 지점으로 전근했다. 예술 세계의 변방이던 런던에서 그런대로 별 탈 없이 만족스럽게 일하며 지낼 수 있었지만, 이방인으로서 느끼는 고독은 어쩔 수 없었다. 더욱이 하숙집 딸에게 한 청혼이 거절당한 뒤 엄청난 외로움에 시달렸고, 염세주의도 깊어져만 갔다. 그는 런던의 분위기에 대해 "사람들은 무정하고, 무미건조하며, 섬세하기보다 무감각했다"라고 회상했다.

다시 구필화랑 파리 본점으로 발령받았지만 이제 빈센트는 예전보다 업무에 훨씬 소홀해지기 시작했다. 세상이 바뀌어 세기말의 파리가 코스모폴리탄적으로 바뀌어 감에도 불구하고 고객들은 여전히 살롱풍의 아카데믹한 그림을 더 선호했다. 이는 자연주의 작가들을 선호하는 빈센트의 취향과는 너무도 달랐다. 그는 자주 살롱식 역사화를 구매하려는 고객에게 자신이 선호하는 바르비종 스타일의 풍경화를 강요하여 물의를 빚기도 했다. 그는 "문화 수준이 낮은 고객들의 입맛은 정말 절망적이다"라고 테오에게 토로할 정도였다.

문제가 생길 때마다 빈센트는 그저 성서 공부에만 매달렸다. 아버지는 맏아들의 광신도적인 신앙에 못마땅해했고, 테오는 형의 불성실한 업무 태도에 불만을 품었다. 빈센트는 상사들의 질타에 결국 해고를 당했다. 이로써 7년이라는 적지 않은 세월 동안의 화상 생활이 막을 내렸다.

가난한 자들의 편에 서서

　그림 파는 일을 그만둔 스물세 살의 빈센트는 목사가 되기 위해 영국으로 돌아가 머물렀다. 그러나 오래되지 않아 서글픈 영국 생활을 청산하고 다시 귀향했다. 당시만 해도 아버지는 아직 존경의 대상이었기에 빈센트는 여전히 종교인이 되고 싶어 했다. 잠시 도르드레흐트에 있는 서점의 점원으로 취직하기도 했으나 그곳에서도 성서에만 몰두했고, 결국 3개월 뒤 그만두었다. 빈센트는 본격적으로 목사가 되기로 결심하고 신학교에 입학하기 위해 암스테르담으로 갔다.

　그러나 목사가 되기에 당시로서는 빈센트의 나이가 너무 많은 데다, 수학과 고전은 국가시험에 합격해야 했고, 엄청난 수업료도 필요했다. 그럼에도 빈센트는 15개월 동안 기를 쓰고 공부했지만 결국 실패했다. 그는 전도사가 되려는 꿈을 포기하지 않고 아버지와 존스 목사의 소개로 플랑드르 전도사 양성 학교에 들어갔다. 그러나 거기서도 수업을 제대로 마치지 못했다.

　1878년 겨울, 스물다섯 살의 빈센트는 전도사가 아닌 평신도로서 전도하기 위해 벨기에와 네덜란드의 국경 부근에 있는 탄광 지대인 보리나주로 떠났다. 빈센트는 유럽에서 악명 높은 탄광 지대인 그곳을 아주 낭만적인 곳으로 여겼다. 그러나 비참한 현실을 목도하면서 그의 환상은 무참하게 깨져 버렸다.

　보리나주의 상태는 너무 위험하고 심각했다. 폭발, 낙반, 전염병 때문에 수백 명이 사망했다. 매해 골절과 화상을 입고, 가스와

재에 중독되고, 불결한 위생 탓에 몸을 해친 노동자들이 많이 나왔다. 게다가 나이 많은 여자와 어린아이들까지도 일주일에 6일, 하루 열두 시간씩 노동에 시달리고 있었다. 빈센트는 설교로 만족하지 않고 광부들과 함께 언제 붕괴될지도 모르는 낡은 갱도로 내려갔다. 그뿐만 아니라 장티푸스로 격리된 가정을 방문하여 잡일을 처리해 주며 밤을 새웠다. 탄광 폭발 사고가 나면 곧장 달려가 환자들을 보살폈다. 때로는 치료비도 부담했다. 광부들에 비해 자신의 생활을 사치스럽다고 여긴 빈센트는 하숙집에서 나와 헛간에서 생활하기도 했다. 딱딱한 빵과 쌀죽, 설탕물을 제외하고는 모든 음식을 거부했다. 모진 겨울에도 맨발로 지내면서 광부들이 입는 질긴 삼베옷을 입었고, 외투 없이 지냈다. 의복도 세탁하지 않았고, 목욕도 하지 않았으며, 비누도 사치품이라고 물리쳤다. 빈센트는 경건함에 대한 중세적 환상에 매달리면서 음식과 따뜻함, 침상의 위안을 거부했다. 점점 더 많은 시간을 아픈 사람들과 보내면서 어떤 희생도 치를 각오가 되어 있는 사람처럼 보였다. 이처럼 빈센트는 쥐꼬리만 한 월급 대부분을 그들에게 썼고, 누더기를 걸친 채 온전히 새로운 기독교적 공동체를 부르짖었다. 그러나 탄광주들은 광부의 처지를 알려고도 하지 않았다. 광부들에게도 비참한 현실을 개혁하고자 하는 의지조차 없었다. 이런 상황 속에서 부르주아에 대한 빈센트의 반감은 강해져만 갔고, 가난한 광부들과 완전히 일체화되고자 했다.

빈센트가 가난한 자의 편에 서게 된 데는 한 설교의 영향이 컸다. 즉 산업혁명은 큰아버지인 센트 같은 일부 사람들에게는 엄청

보리나주의 옛 탄광의 모습
화상 일을 그만둔 반 고흐는 가난한 이들을 돕는 일을 하고 싶어 네덜란드와 벨기에의 국경
지대에 있는 탄광 지대인 보리나주로 떠났다. 매우 위험하고 열악하기로 악명 높았던 이곳에
서 그는 평신도 전도사로서 광부들과 동고동락하며 그들을 위해 초인적으로 헌신했다. 그러
나 교단 측에서는 설교 능력이 수준 이하라는 이유로 그를 해임하고 말았다.

난 부를 가져다주었지만, 수많은 사람들에게는 상상할 수조차 없는 빈곤을 가져다주었다는 사실을 알게 된 것이다. 노동자들의 비인간적인 근로 조건, 미성년자에 대한 노동 착취, 전염병과 만성적 질병에 시달리고 있는 상황을 말이다. 빈센트는 노동자들을 소박한 사람들이라 칭하며 설교를 시작했다. 그는 농민과 노동자가 진정한 실존자들이자 본받아야 할 대상이라고 생각하게 되었다. 그들이야말로 끈기 있고 의연하고 학대에 가까운 노동을 참아 낸다는 사실과, 전혀 희망이 없는데도 신앙을 고수한다는 사실에 감동받았던 것이다.

이처럼 가난하고 헐벗은 이들에 대한 관심에서 출발한 빈센트의 광신적 행보에 놀란 보리나주 교구에서는 브뤼셀의 복음주의 위원회에 빈센트 반 고흐라는 새로운 설교자에 대해 재검토해 달라고 요구했다. 이 사실을 알게 된 아버지는 보리나주를 방문했고, 오두막집에서 짚더미에 누워 있는, 소름 끼치도록 마르고 쇠약한 아들을 발견했다. 빈센트는 아버지의 충고를 받아들이는 척만 하고, 거의 모든 의복과 얼마 안 되는 돈도 기부해 버렸다. 다시 반항적이고 망상에 빠진 전도 사업으로 돌아간 것이었다. 이 같은 열성과 헌신적 노력을 교단 측에서는 위험한 것으로 간주했다.

1879년 7월, 빈센트는 결국 전도사에서 해임되었다. 위원회의 공식 보고서에는 파면의 이유가 '수준 이하의 설교'라고만 적혀 있지만, 진짜 이유는 타협과 굴복 없는 빈센트의 저항적인 태도 때문이었을 것이다. 이렇게 해고된 뒤에도 빈센트는 자발적으로 보리나주에서 1년 더 머물렀다. 그는 교회 당국의 허가도 없이 다시 광부와 노동자에게 헌신한 한편으로 소묘에 열중했다. 그의 초기 습작은 몇 점 안 되지만, 그야말로 사회주의 리얼리즘 작품으로 보아도 손색없다. 빈센트는 소묘 교본을 보고 열심히 그렸다. 그는 이제 종교적인 열정 때문이 아니라 사회의식에 자극받아 광부들에게 더 가까이 다가갔다. 마치 운동권 투사나 민중미술 작가처럼 그들을 대변하고 싶어 했다.

목사를 등에 업은 화가

빈센트는 보리나주에서 자신의 내면에 숨어 있는 무엇인가를 발견했다. 그가 발견한 것은 '그림'이었다. 이로써 삶의 공포에서 벗어나기 위해 미친 듯이 예술로 도피하는 기나긴 여정이 시작되었다. 그는 깊은 좌절과 절망에서 예술 작업에 대한 에너지가 회생하는 것을 느끼고 있었다. 이때부터 빈센트는 농민화가의 수호성인 같은 밀레의 작품들을 자신만의 상상력의 신전에 모셨다.

빈센트는 아주 먼 길을 돌아 화가의 길로 들어섰다. 그가 결정적으로 화가가 되겠다고 결심한 것은 언제일까? 보리나주에서 실직하고 무일푼이 된 그는 브뤼셀까지 걸어가 과거에 자기를 도와 보리나주로 보내 준 목사를 만나 복직을 부탁했다. 그러면서 보리나주의 실태를 그린 그림을 목사에게 보여 주었다. 세상에서 최초로 빈센트의 그림을 보게 된 목사는 그에게 종교보다 예술이 더 중요할 것 같다는 판단을 내렸고, 당장 그림을 그리라고 조언했다. 그

목회자가 꿈이었던 반 고흐

세상에서 가장 낮은 자들에 대한 깊은 관심은 반 고흐를 처음에 목회자의 길로 들어서게 했다. 그러나 남다른 종교적 열정과 헌신에도 불구하고 그 길로 가는 문은 끝내 열리지 않았다. 사진은 보리나주 시절에 실직한 뒤 떠돌던 무렵, 퀴에메에서 잠시 머물렀던 방이다.

순간 빈센트는 화가가 되기로 결심했다. 스물일곱 살, 당시로서는 그림을 시작하기에는 결코 적지 않은 나이였다. 그는 1880년 9월 24일 테오에게 쓴 편지에 이렇게 썼다.

> 내가 다시 소묘를 하게 되어 얼마나 행복한지 말로 다할 수 없을 정도란다. 나는 오랫동안 생각해 왔지만 언제나 내 능력 밖의 일이라고 여겨 왔어. 그러나 지금 나의 약점과 여기저기에 의지할 수밖에 없는 절망을 통감하면서도 마음의 평안을 회복하여 나날이 힘을 얻고 있어.
> — 빈센트 반 고흐, 『세상에서 가장 아름다운 편지』 중

화가가 되겠다는 빈센트의 결심을 가족들은 어떻게 생각했을까? 당연히 환영했다. 테오는 늘 형의 그림을 격려했고 부모님도 마찬가지였다. 그들에게 미술은 사교적 소양 중 하나로, 부르주아 세계와의 연결 고리였다. 빈센트는 그림 그리는 데서 새로운 즐거움을 발견했다. 그간 모욕과 조롱을 받아 온 그에게는 성서가 아닌 스케치북을 들고 나가 방해받지 않고 그림을 그릴 수 있게 된 것이다. 그림 그리기는 사람을 두려워하면서도 우정에 굶주려 있는 그에게 조용히 타인을 관찰할 수 있는 소중한 기회였다. 그뿐만 아니라 마음과 손을 바쁘게 움직여 몰두할 수 있는 일이며, 자기 문제에 집착하지 않고 세상과 다시 연결해 주는 매개체였다.

결국 빈센트는 화가를 전도사와 동일시하게 되었다. 종교적 믿음이 미술에 대한 믿음과 뒤섞이기 시작했던 것이다. 그는 위대한

화가들의 걸작에서 신을 발견했고, 그림 그리기를 숭고한 선교 행위라고 믿게 되었다. 둘 다 모두 화해와 구원의 이미지를 제공한다는 의미에서였다. 목사를 등에 업은 화가 빈센트 반 고흐! 서른일곱 살의 나이로 죽기까지 10년간 이어진 화가 인생이 이렇게 시작되었다.

예술의 중심지
파리로 가다

사랑하는 테오,

이처럼 갑자기 왔다고 해서 화내지 말아 다오,

많이 생각했지만 이게 시간을 절약하는 방법이라고 믿고 있어.

괜찮다면 정오나 좀 더 빨리 루브르에서 기다릴게.

— 빈센트 반 고흐, 『세상에서 가장 아름다운 편지』 중

파리의 이방인

1885년 11월 말, 빈센트는 조국 네덜란드를 영원히 떠났다. 벨기에의 안트베르펜으로 간 빈센트는 왕립순수미술아카데미에 들어갔지만 아카데믹한 교육에 회의를 느끼고 얼마 있지 않아 학업을 그만두었다. 그러고는 이듬해 2월에 파리로 갔다.

그가 파리로 간 이유는 무엇일까? 1885년 이른 봄에 아버지가 갑작스럽게 세상을 떠난 뒤 빈센트에 대한 가족들의 마음은 매우 냉담해졌다. 특히 어머니를 쏙 빼닮아 의지가 강한 누이동생 아나는 오빠가 아버지를 죽인 것처럼 어머니를 죽이려 한다고 비난했다. 빈센트는 마침내 무너지고 말았다. 그는 상처 입은 마음으로 짐을 꾸려 집을 떠났다. 얼마 되지 않는 유산에 대한 권리도 포기했다.

여러모로 지친 빈센트는 테오에게 파리로 가고 싶다고 편지를 보냈다. 그러나 테오는 형이 자신을 곤란하게 만들지도 모른다며 처음부터 형의 파리행을 강력히 반대했다. 그러나 1886년 3월 1일,

파리 시절, 테오와 함께 살았던 레픽가

1886년. 서른세 살의 반 고흐는 파리행 기차에 올랐다. 스무 살 무렵 구필화랑 본점에서 일할 때도 살았던 도시다. 그는 테오와 함께 파리 외곽 몽마르트르에 있는 아파트를 구해 2년간 살았다. 탁 트인 하늘과 파리 시내를 내다볼 수 있었던 그곳은 사진에서 오르막길이 있는 오른쪽 구석에 있다.

빈센트는 테오에게 알리지도 않은 채 기어이 파리에 도착했다. 빈센트가 파리로 왔다는 것은 형을 예술가로서 자립하도록 이끌려던 테오의 오랜 노력이 좌절되었음을 의미했다. 결국 빈센트의 파리행은 두 형제 모두가 실패했음을 말해 준다.

빈센트는 하나의 목적만을 가지고 파리에 도착했다. 그것은 바로 테오를 만족시켜야 한다는 것. 이제부터 세상에서 가장 두려운 일은 테오를 실망시키는 것이 되었다. 빈센트는 파리에서 2년 가까이 동생에게 의탁했다. 테오는 형 때문에 힘들어했다. 누이에게 "형은 지저분하고, 늘 불만으로 가득하고, 사람을 업신여기고, 심지어 자신을 적으로 생각하는 사람이야"라고 썼다. 물론 빈센트도 테오를 실망시키지 않기 위해 동생이 원하는 대로 자신을 바꾸어 나갔다. 가령 부르주아의 점잖은 예의를 갖추기 위해 이발사를 찾아가 말끔하게 수염을 다듬었고, 치과에 가서 목제 틀니로 치아를 고정했으며, 새 양복도 맞추었다. 그렇게 빈센트는 유행을 좇는 테오의 주변 사람들과 어울리고자 나름대로 최선을 다했다.

더군다나 빈센트는 테오의 제안에 따라 페르낭 코르몽의 화실에 들어갔다. 평소 아카데믹한 교육이라면 질색하던 빈센트에게는 일종의 타협이었다. 코르몽은 고고학적 사실주의에 대한 깊은 고민과 연구를 통해 성서적인 주제, 특히 선사시대의 성서적 주제를 다룬 것으로 유명한 화가였다. 코르몽 화실은 국립 미술 학교인 에콜데보자르를 흉내 낸 일급 사설 미술 학원이었다. 한창 번성할 당시 코르몽 화실은 고위층 자제를 위한 학교로서, 동시대 존경받는 교수법으로 가르치는 것으로 유명했다.

그러나 빈센트가 파리에 도착했을 무렵의 코르몽 화실은 이미 쇠퇴기에 접어들어 있었다. 이제 화상과 수집가들은 코르몽 화실 출신의 작가들에게서 다른 작가들에게로 관심을 옮겨 간 뒤였다. 코르몽이 경력과 자격이 부족한 빈센트를 자신의 화실에 들인 것은 예전 같지 않은 명성 때문이기도 하고, 파리 구필화랑의 부지점장으로 있던 테오가 자신의 그림을 팔아 주는 등 충분히 보상해 줄 것이라고 판단했기 때문이다. 코르몽은 돈벌이가 되는 학생들에게 자신의 예술관을 강요하지 않는 유연하고 관대한 스승으로도 알려져 있었다. 그러나 화실에 오는 일이 뜸했고 비평을 자제했기 때문에 작품에 대한 의견 교환은 제자들의 몫이었다.

빈센트에게 코르몽 화실의 교우들은 배타적인 존재였다. 대부분 프랑스인들로서, 네덜란드 화가들보다 훨씬 더 똘똘 뭉쳐 있는 폐쇄적인 무리였다. 당시 이 그룹을 사교 클럽처럼 이끌던 사람은 바로 앙리 드 툴루즈 로트레크와 루이 앙케탱 같은 이들이었다. 부유한 가문 출신인 동료들 속에서 빈센트는 외톨이였다. 당시 동료들은 빈센트가 타고난 재능이 부족한 사람이라고 여겼을 뿐만 아니라, 파리인의 영혼을 이해하지 못하는 북쪽 사람이라며 은근히 조소했다. 그리고 '돌았지만 해롭지 않은 사람'이라고 판단했고, 애써 괴롭힐 정도로 흥미 있는 사람도 아니라고 무시해 버렸다.

빈센트는 동료들의 작은 도발에도 쉽게 기분이 상하고 분통을 터트렸으며, 위협적으로 열정을 내세우고는 했다. 결국 그는 3개월도 채우지 못하고 코르몽 화실을 떠났다. 겨우 로트레크와 베르나르라는 동료 화가를 만났다는 것 빼고는 자신의 기대만큼 작업

앙리 드 툴루즈 로트레크가 그린 〈빈센트 반 고흐의 초상〉

파리에 온 반 고흐는 처음에 페르낭 코르몽의 화실을 드나들었다. 아카데미에 비해 엄격하지 않고 모델을 쉽게 구할 수 있다는 이점 때문이었다. 그러나 생각보다 도움이 안 된다고 느낀 반 고흐는 약 3개월 만에 화실 출입을 그만두었다. 이 그림은 화실에서 만난 앙리 드 툴루즈 로트레크가 카페에 앉아 있는 반 고흐의 모습을 그린 것이다. 판지에 파스텔, 45×54센티미터, 1887, 반고흐미술관, 암스테르담.

에 도움이 되지 않는다고 판단했던 것이다.

색채를 발견하다

그럼에도 빈센트는 파리라는 도시가 북유럽의 다른 도시들과 달리 자유로운 해방감을 만끽할 수 있는 곳이라고 생각했다. 파리는 세계 예술의 중심지로 온갖 새로운 예술의 탄생지였으니 말이다. 더군다나 1860년대에 등장한 인상주의 미술은 빈센트에게 생소하지만 호기심을 갖기에 충분한 양식이었다. 그러나 막 인상주의 그림과 그 화가들을 접하게 된 빈센트는 그들이 서로 비난하고 반목하는 데 여념이 없다는 사실을 알고 씁쓸함을 느꼈다.

폴 세잔은 빈센트가 그린 〈감자를 먹는 사람들〉을 보고 미치광이 그림이라고 혹평했다. 그렇게 자극받은 빈센트의 그림은 서서히 변하기 시작했다. 즉 색채를 중요하게 생각하는 계기가 되었던 것이다. 그는 색채 속에서 삶을 찾고자 했으며, 진정한 그림이란 색채에서 솟아나는 것이라고 믿기에 이르렀다. 이러한 끊임없는

〈꽃핀 밤나무〉
1874년, 클로드 모네를 필두로 한 젊은 예술가들이 파리에서 첫 번째 인상주의 전시를 개최한 이래 인상주의는 당대 미술계의 뜨거운 화두로 떠올랐다. 반 고흐 역시 파리에서 인상주의 미술을 접하게 되었는데, 이는 그의 기법에 큰 변화를 가져오는 계기가 되었다. 무엇보다도 이전의 어둡고 짙은 색조가 밝고 화사한 색조로 변하기 시작했다. 캔버스에 유채, 46.5×56센티미터, 1887, 반고흐미술관, 암스테르담.

노력 끝에 빈센트는 1887년 말에야 비로소 채색을 완전하게 이해하게 되었다.

그러나 고달픈 파리 생활 속에서 빈센트는 여러모로 실패를 거듭했다. 유화를 한 점도 팔지 못했고, 파리에서 발간되는 수백 종의 잡지에 삽화를 그리게 해 달라고 요청했지만 어느 곳에서도 주문이 들어오지 않았다.

한편 대도시 파리는 빈센트로 하여금 특별히 초상화에 대한 열정을 살아나게 만들었다. 숱한 인간 군상이 모여 사는 도시인 만큼 빈센트는 다양한 초상을 그리고 싶어 했다. 그러나 전문 모델들 중 누구도 빈센트의 제안에 응하지 않았다. 모델들이 화가가 자신의 초상화를 잘 그리지 못해 평판이 나빠질까 봐 겁을 냈던 것이다. 나체로 서는 것은 더더욱 꺼렸다. 그래서 빈센트가 택한 방법은 창녀를 구하는 것이었다. 사람을 너무나 좋아했던 그는 누구보다도 자신이 아닌 타인을 그리면서 사람과 접촉하고 싶었을 것이다. 그러나 아무도 그에게 말을 걸어 주지도, 관심을 보여 주지도 않았다. 어쩔 수 없이 그는 자화상을 많이 그리게 되었다.

파리 시절 빈센트는 "모델이 없어서 나 자신이라도 그리려고 꽤 괜찮은 거울을 하나 샀지", "다른 모델을 구할 수가 없어서 자화상을 두 점 그리고 있다"라고 테오에게 넋두리를 한 적이 있다. 이처럼 그는 달리 모델도 없고 모델을 구할 돈도 없어서 자신을 그린다고 변명했지만, 단순히 그 이유 때문만은 아니었다. 인상파의 색채를 받아들이던 낯선 파리 생활에서 고달픈 이방인 작가로서 자기 정체성에 대한 집요한 회의에 직면해야만 했던 상황도 자화상에 몰입하게 했을지도 모른다. 빈센트는 파리 시절과, 정신병원 입원과 퇴원을 반복하던 말기에 자화상을 가장 많이 그렸다. 화가들은 고단하고 암울한 시기에 가장 많은 자화상을 그린다. 빈센트 역시 약 2년간의 파리 시절에 스물일곱 점의 자화상을 남겼다. 그의 자화상은 단순한 자기 묘사가 아니라 끊임없는 자기 탐색과 성찰, 불확실한 미래에 대한 불안과 두려움, 고뇌와 연민, 고립과 소외, 충동과 공격성, 외로움과 고독 등을 극복하고 살아남고자 한 존재의 필사적인 투쟁의 역사를 보여 준다.

가난한 화가들의 친구

테오가 소개해 준 쥘리앵 프랑수아 탕기는 몽마르트르의 클로젤가에서 화방을 운영하고 있었다. 착하고 선량한 그는 돈이 없는 가난한 화가들에게 외상으로 재료를 기꺼이 내주었고, 재료비 대신 그림으로 받기도 했다. 팔리지도 않는 그림에 미리 값을 치르는가 하면, 때로는 자신의 주머니를 털어 화가들을 돕기도 했다. 당시 파리의 많은 화가들은 이런 그를 페르 탕기(탕기 아저씨)라고 부르며 아버지처럼 따랐다. 파리코뮌의 멤버이던 탕기는 새로운 미술이 자신이 지향하는 사회주의와 일치한다고 생각했다. 그에게 인상주의 화가들은 지배 체제 이데올로기에서 배제된 민중화가였다. 그러기에 그들을 어떻게든 도와야 했다. 특히 자신과 신념을 공유한 세잔을 지지했다.

세잔이 고향 엑상프로방스로 돌아가고 난 뒤 탕기화방에 가장 열심히 드나든 사람은 빈센트였다. 이곳은 빈센트에게 코르몽 화실 이상으로 아주 중요한 학교였다. 이곳에서 화집, 일본 목판화, 판화 등을 마음껏 볼 수 있었고, 다른 화가들과도 이야기를 나눌 수 있었다.

탕기는 자신의 가게 뒷방을 작은 화랑처럼 운영했다. 빈센트 역시 테오의 화랑을 빼고 자신의 작품을 걸어 줄 유일한 곳이 탕기화방이라고 생각했다. 당시 그의 그림들은 잡다한 물건들 사이에 다른 고객들이 맡긴 수십 점의 그림들과 함께 조명도 없이 걸려 있었다. 그때 탕기화방에 걸렸던 것으로는 빈센트를 비롯해 조르주 쇠라, 고갱, 세잔의 작품들이 있었다. 네 명 모두 20세기 미술의 선구자임을 감안할 때 탕기의 심미안도 대단했다는 것을 알 수 있다.

빈센트가 그린 〈탕기 영감의 초상〉은 그의 파리 시절을 대표하는 작품으로 꼽힌다. 그는 탕기 영감의 초상화를 세 점 그렸다. 탕기는 빈센트에게 특별한 애정을 가지고 있었다. 그는 빈센트가 돈이 없어 작품 활동에 전념하지 못하는 것을 매우 안타깝게 생각하며 물질적으로나 정신적으로 위로를 주던 따뜻한 사람이었다.

〈탕기 영감의 초상〉에서 이제 막 머리가 희끗희끗한 초로의 탕기는 마치 부처처럼 묘사되었다. 그림의 배경을 이루는 일본 판화는 빈센트가 얼마나 자포니슴*의 영향을 받았는지를 보여 준다. 우키요에에 매혹되었던 빈센트는 〈탕기 영감의 초상〉에서 평면

* 일본 에도시대의 서민 계층에서 유행한 회화 양식인 우키요에서 영향을 받아 19세기 중후반 유럽에서 유행한 일본풍의 예술 사조.

탕기화방이 있던 몽마르트르 클로젤가

파리 시절 반 고흐는 쥘리앵 탕기가 운영하는 화방을 자주 드나들며 미술 재료를 샀다. 파리
코뮌에 참여했고 사회주의를 지향한 탕기는 가난한 화가들의 작품을 전시해서 팔아 주는가
하면, 재료비 대신 그림을 받거나 외상으로 내어 주기도 했다. 당시 파리의 화가들은 이런 그
를 '탕기 영감'이라 부르며 아버지처럼 따랐다.

적이고 대담한 선과 원색의 색채 표현 등으로 대담하게 인물을 묘사했고, 모델의 영혼을 그리겠다는 꿈을 실현하기 시작했음을 보여 주었다. 빈센트는 이 초상화를 그린 뒤 탕기를 못생겼지만 현명한 소크라테스에, 그의 부인을 소크라테스의 아내인 크산티페에 비유했다. 탕기의 부인은 빈센트가 자기 남편을 평판 나쁜 탱부랭카페에 데려가는 등 나쁜 영향을 준다고 싫어했다.

파리는 자유로웠지만 사람들은 냉담했고 빈센트는 고독했다. 그는 파리를 떠나야 했다. 그렇지 않으면 치열한 생존경쟁에 빠져 죽을 것만 같았다. 그에게는 나름의 예술을 추구할 새로운 공간과 시간이 절실히 필요했다. 그리하여 떠올린 곳은 남프랑스였다. 이를테면 로트레크가 유년을 보낸 프로방스, 몽티셀리가 떠난 프로방스, 세잔의 고향 엑상프로방스 같은 곳 말이다. 그리고 빈센트는 남프랑스가 따뜻한 태양과 다채로운 색채, 값싼 생활비가 매력적이라고 생각했다. 그러니 다른 화가들을 초청하여 공동체를 만들기에 안성맞춤일 것이라고 기대했다. 빈센트가 남프랑스로 가겠다고 했을 때, 테오는 내심 동의하며 이사 비용을 대 주면서 결코 싫은 내색을 하지 않았다. 마침내 빈센트는 행선지를 고대 로마제국의 잔해가 남아 있는 아를로 정했다.

⟨탕기 영감의 초상⟩
반 고흐는 탕기 영감의 초상을 세 점 남겼는데, 마지막에 그린 이 그림이 가장 대표적이다. 부처처럼 묘사된 인물, 우키요에가 잔뜩 걸려 있는 배경, 대담하고 강렬한 선과 색채, 화가 특유의 짧은 붓 터치 등이 어우러져 초상화의 새 지평을 열었다. 캔버스에 유채, 75×92센티미터, 1887, 로댕미술관, 파리.

사랑에는
참된 힘이 있다

비탄에 빠진 여성

빈센트는 평생 동안 연애를 지속적으로 시도했다. 그러나 매번 실패했다. 사랑에 대해서만큼은 상상을 초월할 정도로 끈질긴 집념의 소유자인 그였다. 이러한 그의 사랑은 책을 통해서 배운 것이라고 해도 과언이 아니다. 특히 빈센트의 여성관에 가장 큰 영향을 미친 책은 프랑스 사학자 쥘 미슐레가 쓴 『사랑』과 『여성』이다.

미슐레는 프랑스의 역사가이자 문필가로, '르네상스'라는 용어를 만들었을 만큼 유럽의 역사학계를 대표하는 인물이다. 프랑스 최고의 고등교육 기관인 콜레주드프랑스의 교수 시절 『프랑스사』와 『프랑스대혁명사』 같은 굵직한 역작을 남겼다. 생의 후반기에는 여성과 사랑을 다룬 책을 저술해서 반향을 일으켰다. 특히 『사랑』은 프랑스뿐만 아니라 세계적으로 150년 가까이 여러 세대에 걸쳐 읽히면서 사랑을 다룬 고전 중의 고전으로 꼽혀 왔다. 후속편인 『여성』도 마찬가지다(국내에서는 두 책이 각각 『여자의 사랑』과 『여자의 삶』이라는 제목으로 번역되어 있다). 이 책들은 여성의 성격에 관한 철학적인 논문이자, 남성이 어떻게 여성에게 접근해야 하는지를 가르치는 연애 지침서이기도 하다. 특히 『여성』에 따르면 가장 순수한 형태에서 여성이란 섬세하고 시작 단계에 있는 신의 피조물이고, 본질적으로 허약하고 의지가 박약하며, 사랑을 위해 신이 고안해 낸 존재다. 사랑을 받지 못하는 여성은 동정의 대상이다. 슬퍼하고 무력하며 사랑받지 못하는 여성들, 즉 전쟁터로 떠난 병사의 아내, 집 없는 처녀, 홀어미, 남편 잃은 여인 등 비애의 이미지는 외설물처럼 당대 사람들의 마음을 사로잡았다. 미슐레는 특히 '검은 옷을 입은 중년의 여성'을 이상적 여인상으로 소개했다. 다시 말해 비탄에 빠진 여성의 모습이야말로 신비함 그 자체라는 것이었다.

빈센트 역시 미슐레의 책에서 영향을 받아 그림에서든 교회에서든 외롭고 사랑받지 못하는 여성들의 모습에 깊이 매료되었다. 그는 슬프고 외롭고 천대받는 비천한 여성들에게 마음이 깊이 움직였고, 내내 그런 여성만을 찾았다. 그에게 사랑이란 자신이 사랑하면 상대방도 동시에 사랑에 빠져 신비롭게 결합되는 자연 발생적인 현상이라는 결론에 이르렀다. 그가 런던의 하숙집 딸, 사촌 누이, 창녀, 카페 여주인에게 무모하게 구애했던 것도 자기가 열심히 사랑하기만 하면 상대방도 자연히 자신을 사랑할 것이라고 믿었기 때문이다.

빈센트는 자신의 모든 불행의 시작이 첫사랑의 실패라고 생각했다. 1873년, 스무 살의 빈센트는 구필화방의 런던 지점으로 발

〈상복 입은 여인〉
반 고흐의 여성관은 프랑스 사학자 쥘 미슐레가 쓴 『사랑』과 『여성』에서 많은 영향을 받았다. 미슐레는 여성이란 본질적으로 섬세하고 사랑을 위해 신이 고안한 존재이며, 사랑을 받지 못하는 여성은 동정의 대상이라고 보았다. 그의 영향을 받은 반 고흐는 특히 외롭고 무력하고 슬프고 천대받는 여성에게 마음이 깊이 움직였다. 캔버스에 유채, 33×45.5센티미터, 1885, 반 고흐미술관, 암스테르담.

런던 시절의 하숙집

10대 시절 구필화랑 덴하흐 지점에서 4년간 화상으로 일한 반 고흐는 스무 살이 되면서 런던 지점으로 발령을 받았다. 런던 시절 그는 브릭스턴에 있는 과부 어설라 로이어의 집에서 하숙했는데, 이때 로이어 부인의 딸인 유지니에게 강렬한 사랑을 느꼈다. 그리고 그녀에게 약혼자가 있다는 사실을 모르고 청혼까지 했다가 결국 거절당했다. 강렬했던 첫사랑의 실패는 반 고흐에게 기나긴 우울의 시작이 되었다.

령받았다. 그는 목사 미망인인 어설라 로이어 부인의 집에서 하숙했는데, 그 부인에게는 유지니라는 딸이 있었다. 뚜렷한 이목구비에 작고 마른 체격을 가진 유지니는 삶에 지친 표정 탓인지 나이가 들어 보였으며, 성미도 아주 급한 편이었다. 그럼에도 빈센트는 한 살 연상의 그녀를 사모하게 되었다. 그는 짝사랑을 하다가 마침내 정식으로 구애했지만 거절당하고 말았다. 유지니는 이미 약혼한 상태였기 때문이다.

사실 런던의 하숙집 여인들은 가족에 대한 빈센트의 환상을 채워 준 존재였다. 그에게 남편 잃은 쉰여덟 살의 여인과 그녀의 열아홉 살 된 딸은 자신과 비슷한 사람들, 즉 상처 입고 방랑하며 안식처를 찾아 헤매는 이들로 보였던 것이다. 선장의 딸로서 특유의 배짱과 인내심을 가진 로이어 부인은 대부분의 삶을 가족 없이 살아왔다. 그리고 유지니를 데리고 재혼했지만 남편은 폐결핵으로 일찍 죽고 말았다. 빈센트는 크나큰 슬픔과 고통 속에서 살아남은 그들의 비극적인 가족사에 마음이 끌렸다. 그리고 이 가족에게서 새로운 소속감을 느꼈다.

유지니에게 거절당한 빈센트는 어떻게든 그녀의 약혼을 허사로 만들고자 갖은 노력을 다했다. 그럼에도 인생에서 처음 맛본 강렬한 애정은 성사되지 못하고 끝내 불화로 끝나고 말았다. 그로 인해 빈센트는 정신적인 충격을 강하게 받았던 것 같다. 성격이 돌변하여 사람들을 거칠게 대하고 자주 화를 냈으며, 고객들과 불화하는 경우도 잦아졌다. 유지니와의 일은 그의 인생에 깊은 상흔을 남겼다. 길고 긴 우울증이 시작되었던 것이다. 이듬해 여름휴가를 보내기 위해 네덜란드에 있는 아버지의 집으로 돌아왔을 때, 빈센트는 처음으로 정신 질환 증세를 보였다. 그러나 가족들은 대수롭지 않게 생각했다.

유지니에 대한 강렬했던 첫사랑의 결렬은 빈센트에게 가장 큰 슬픔의 근원이 되었다. 그 사건은 타인의 고통에 민감하게 만들었다. 이후 빈센트의 정신에도 큰 변화가 일어났다. 그는 독서에 집중하고 종교에 열광적으로 도취했는데, 이는 그로 하여금 예술적 탐구의 방향으로 나아가게 한 최초의 시발점이 되었다.

이 불꽃에 손을 넣는 동안만이라도
그녀를 보게 해 주십시오

1881년, 스물여덟 살의 빈센트는 다시 사랑에 빠졌다. 이번에는 이모의 딸로 자기보다 일곱 살 많은 코르넬리아 보스스트릭커(케이 보스라고도 불림)였다. 빈센트의 부모는 얼마 전 병든 남편을 잃고 상심에 빠져 있는 조카딸의 마음을 위로하기 위해 당시 목회지였던 에턴으로 그녀를 초대했다.

아마 빈센트는 예전부터 케이 보스를 마음에 두고 있었던 듯하다. 더욱이 상을 당한 뒤 그녀의 이미지는 한층 더 빈센트의 마음을 사로잡았다. 단추를 높이 채운 검은 공단 옷을 입고 웃음기 없는 엄격한 분위기로 남편의 죽음을 애도하는 중이었으니 말이다. 빈센트는 그녀를 본 순간 런던에 머물 당시 하숙방에 붙여 놓았

A.GREINER   AMSTERDAM.

반 고흐의 두 번째 사랑인 케이 보스

젊은 나이에 남편을 잃고 아들과 남게 된 사촌 케이 보스의 모습은 미슐레가 이상적인 여인
상으로 제시한 '검은 옷을 입은 중년의 여성' 그 자체로 반 고흐에게 다가왔다. 그는 자신이
케이 보스의 동반자라고 굳게 믿고 그녀에게 열광적으로 빠져들었지만 단호하게 거절당하고
말았다. 유지니와의 일 이후 그는 다시 한 번 참담한 마음으로 방황했다.

던, 필리프 드 샹파뉴가 그린 〈비탄의 여인〉을 떠올렸다. 물론 그가 〈비탄의 여인〉에 매료되었던 것은 미슐레의 슬픈 여인상이 그의 뇌리에 깊이 각인되었던 탓이다. 빈센트에게는 케이 보스의 깊은 슬픔이야말로 〈비탄의 여인〉의 화신이었다. 그녀가 자신의 사촌이고 아이가 있는 연상의 과부라는 장애 요소는 오히려 그의 마음을 더욱 열광적으로 만들었다.

빈센트는 자신이 케이 보스와 사랑에 빠졌다고 결론을 내리고는 청혼했지만 단호하게 거절당하고 말았다. 빈센트를 사랑하지도 않았고 재혼할 의사도 없었던 케이 보스는 그의 청혼을 받자마자 너무 당황한 나머지 황급히 암스테르담에 있는 자기 집으로 돌아갔다.

빈센트는 케이 보스를 설득하기 위해 암스테르담으로 쫓아갔다. 이런 일이 처음이 아니었던 빈센트는 미슐레의 책에서 본 것처럼 여성의 거절은 "남성의 정열로 녹일 수 있는 얼음의 혼"이라고 생각하며 포기하지 않았다. 케이 보스는 빈센트를 피해 몸을 숨겼다. 그는 케이 보스를 보게 해 달라고, 몇 분만이라도 직접 호소할 수 있게 해 달라고 그녀의 가족에게 사정했다. 그들은 빈센트의 집요함에 넌더리를 내며 힐난했다. 그러자 빈센트는 식탁 위에서 타고 있는 등불 속에 손을 넣으며 "내가 이 불꽃에 손을 넣는 동안만이라도 그녀를 보게 해 주십시오"라고 애걸했다. 그러자 이 광경을 보고 있던 이모부는 미친 짓이라고 욕설을 퍼부으며 그를 밖으로 내쫓았다. 케이 보스의 오빠가 그를 한쪽으로 데려가 재정적인 전망이 나아지지 않는다면 그녀를 얻을 기회가 없노라고 말했다. 결국 빈센트의 경제적인 처지와 보장된 미래가 없다는 사실이 절대로 구혼자가 될 수 없음을 각인시켜 준 사건이었다.

빈센트는 독실한 종교인인 체하는 케이 보스 가족의 위선이 지독히 혐오스럽게 느껴졌다. 그는 참담한 마음으로 며칠을 암스테르담 거리를 방황하며 쏘다니다 떠났는데, 이때 자신이 마치 노예시장의 노예처럼 느껴졌다고 회상했다. 이때부터 그는 아내와 아이들이 난로를 둘러싸고 있는 바닷가 오두막집이라는 따뜻한 가족의 이미지를 포기했다. 이 막장 드라마 같은 사건은 친인척들 사이에 그가 괴짜 정도가 아니라 아예 미쳤다는 인식을 강하게 심어 주었다.

타락한 여인을 구해야 하다

1882년 새해, 스물아홉 살이 된 빈센트는 사촌 누이의 남편인 안톤 마우베*에게 그림을 배우기 위해 머물렀던 덴하흐에서 클라시나 마리아 호르닉이라는 창녀를 알게 되었다. 빈센트보다 세 살 많은 그녀를 사람들은 시엔이라고 불렀다. 재봉사를 하다가 창녀로 전락한 그녀는 미혼이었지만 다섯 살 난 딸을 두고 있었고, 그전에도 두 명의 아이를 낳았으나 모두 죽었다.

빈센트를 만났을 때 그녀는 또 임신 중이었다. 그리고 알코올중

* 1833~1888. 네덜란드의 사실주의 화가. 덴하흐 화파의 주요 멤버인 그는 색상의 거장으로서 빈센트에게 많은 영향을 주었다.

독에다 성병까지 앓고 있었다. 천연두 자국이 있었던 얼굴은 몹시 창백하고 야위었고 표정은 무감각했는데, 그래서인지 실제 나이보다 훨씬 늙어 보였다. 그러나 빈센트는 흉터가 있는 야윈 얼굴 속에서 예수의 모습을 보았다. 가시면류관을 쓴 예수처럼 슬픔에 잠긴 얼굴이라고 생각했다. 시엔의 불행 그 자체가 빈센트의 마음을 사로잡았다.

임신한 창녀, 빈센트가 생각하기에 이 타락한 여성들은 대부분 그저 애정 없는 남성들과 나약한 자기 본성의 희생자일 뿐이었다. 그는 여성들이란 모두 쉽게 기만당하고 버림받지만, 특히 가난한 여인들은 남자의 돌봄을 받지 못하면 항상 매춘에 빠질 정도로 긴급하고 위험에 처한다는 사실을 잘 알고 있었다. 그는 만약 사회가 순수하고 잘 정비되었다면 매춘은 나쁜 행위이지만, 도덕이 무너진 물질만능주의 사회에서 창녀는 그저 사회 부적응자일 뿐이라고 여겼다. 늘 그랬듯이 그는 사회에서 배제되거나 밀려난 자들과 관계 맺는 일에 거리낌이 없었으며, 그들에게 인간적인 어떤 것이 있다고 굳게 믿었다.

시엔은 힘든 산고 끝에 아들을 낳았다. 빈센트는 자기 이름을 따 빌렘이라고 아이의 이름을 지어 주었다. 빌렘은 다른 남자의 아이였지만, 빈센트는 그 아이의 탄생을 매우 기뻐했다. 마치 크리스마스 밤 마굿간에서 태어난 아기 예수처럼 대했다. 빈센트는 아기의 눈에서 무한함을 보았으며, 아기를 어둠 속의 빛이라고 여겼다. 이 시절 빈센트는 요람에 누워 잠자는 아기나, 어머니의 품에 잠든 아기를 많이 그렸다. 그 그림에는 아기에 대한 그의 사랑이 절절히

〈무릎 위에 아이를 안고 있는 시엔〉

사회의 밑바닥에서 살아가는 비천한 여성에게 누구보다 깊은 동정심을 느낀 반 고흐는 덴하흐에서 알게 된 창녀 시엔과 그녀의 아이들도 진심으로 사랑했고, 그들과 따뜻한 가정을 꾸리려 했다. 그러나 그것이 불가능하다는 것을 안 그는 결국 시엔과 아이들에게서 떠났다. 그 선택이 쉽지만은 않았는지 이후 그는 마음이 "고통으로 시들어 간다"라고 표현했다. 종이에 분필, 35.5×53.8센티미터, 1883, 반고흐미술관, 암스테르담.

나타나 있다. 빈센트는 아이를 진심으로 사랑했고, 시엔에게도 새 삶을 찾아 주어 행복한 가정을 꾸며 보려고 노력했다.

시엔이 출산하자 빈센트는 아예 이 모자와 함께 살았다. 시엔과 의 관계는 보리나주의 빈곤한 광부들과의 관계와 흡사했다. 빈센 트는 이 타락한 여인을 구원하고자 했다. 사람들은 시엔을 교활한 창녀로 여겼지만, 빈센트는 그녀를 무력한 존재로 보았다. 심지어 그녀를 불쌍한 피조물이라고 부르며 비둘기처럼 순결하고 온순 하다고 했다. 상스럽고 성난 창녀가 아니라 성모마리아처럼 섬세 하고 용기 있다고 찬양했다. 이처럼 빈센트는 시엔은 위험에 빠진 여주인공이고 자신은 그녀를 구해 주러 온 구세주인 양 행동했다. 그녀에 관한 이야기가 타락한 것일수록 해방에 관한 환상은 점점 더 강력해졌다.

빈센트는 임신한 시엔을 사랑하고 결혼할 것이라는 뜻을 가장 먼저 테오에게 알렸다. 테오와 아버지는 결혼을 극구 반대했으며, 결혼하면 더 이상의 지원은 없노라고 협박했다. 동료 화가들도 당 장 헤어지라고 종용했다. 모멸감을 느낀 빈센트는 테오에게 "여자 를 버리는 것과, 버려진 여자를 돌보는 것 중 어느 쪽이 품위 있고 섬세하며 남자다운 태도냐?"라고 반문했다. 병들고 굶주린 데다 임신한 한 여자가 한겨울에 길거리를 헤매고 있는데 어떻게 외면 할 수 있겠느냐고 항변했다. 자기 주변의 모든 이들이 그런 존재 를 보면 살려야 한다고 설득했다.

빈센트는 시엔과 살면서 진정한 행복을 느꼈던 것 같다. 그러나 그 행복은 머지않아 깨져 버렸다. 빈센트는 시엔을 헌신적으로 돌보는 동안 매독에 걸려 버렸다. 그녀에게서 성병이 옮아 심한 고통을 겪으며 치료를 받아야만 했다. 시엔은 그다지 가정적이지 않았을 뿐만 아니라, 게으르고 더럽고 제멋대로였다. 게다가 오랜 음주와 흡연, 영양실조, 임신과 유산, 빈혈과 폐결핵에 시달렸다. 고질병인 목의 통증 때문에 목소리는 이상하고 거칠었다. 오랜 세월 매춘을 하면서 모욕과 냉대에 익숙해진 탓인지 툭하면 불같이 화를 냈고 험한 욕을 해 댔다. 그렇게 타인을 불쾌하게 만드는 특이한 성격은 빈센트의 환상을 산산조각 내기에 충분했다.

이와 함께 시엔뿐만 아니라 그녀의 가족에 대한 환멸감이 찾아왔다. 아기는 쉴 새 없이 울어 댔고, 다섯 살 난 딸은 부랑아처럼 집 안을 배회했다. 불면증이 있던 빈센트는 완전히 지쳐 버렸다. 언제부터인지 시엔은 포즈를 취할 때도 보수를 원했고, 허드렛일은 모두 빈센트에게 맡기는 등 점점 더 비협조적으로 변해 갔다. 게다가 난폭한 남동생은 마치 기둥서방처럼 돈 문제로 빈센트에게 폭행을 가하기까지 했다. 이제 더 이상 테오가 보내 주는 적은 돈으로는 시엔의 가족을 먹여 살릴 수 없었다. 시엔의 가족도 그녀에게 좀 더 돈 많은 남자와 살 것을 종용했다. 시엔을 구원해야 한다는 환상을 끝까지 간직하고 싶었던 빈센트의 인내심도 바닥나고 절망적인 심정이 되어 갔다. 결국 그녀의 웃음기 없고 상스러운 태도와 성질을 비난하기 시작했다. 얼마 전까지는 피해자의 징후라고 감쌌지만, 이제는 그녀의 편협함과 미술에 대한 무지를 비난하기에 이르렀다.

결국 시엔은 다시 창녀로 되돌아갔다. 빈센트가 시엔을 포기한

〈공공 급식소의 수프 배급〉

시엔의 가족은 너무나 가난하여 공공 급식소를 자주 이용했다. 종이에 분필, 44.4×56.5센티 미터, 883, 반고흐미술관, 암스테르담.

이유는 단 하나였다. "작업이 내 의무이고, 그 여자보다 당면한 문제다. 그러니 여자 때문에 작업이 어려워져서는 안 돼." 빈센트는 말했다. "우리가 함께 지내는 것은 불가능해요. 우리는 서로를 불행하게 해." 자신이 두 가지 모두를 해낼 수 없는 이상, 그리고 돈을 보내 주는 이도 테오였으므로 그녀를 포기하는 것이 답이었다. 1881년 1월말부터 1881년 8월까지 7개월간 이어진 둘의 만남은 그렇게 마침표를 찍었다.

빈센트는 시엔과 헤어지고 난 뒤에도 그녀와 자기가 받아 낸 사내아이를 그리워했다. 그는 편지가 오기를 매일 기다렸다. 죄책감과 두려움에 시달리며 그녀에게 얼마간 돈을 부치기도 했다. 여전히 빈센트는 "그녀 같은 부류의 여자들은 지탄받기보다 한없이, 아아, 한없이 동정 받아야 한다. 불쌍하디 불쌍한 피조물이야"라고 했다. 그는 시엔과 함께 있기를 간절하게 바랐고, 좀 더 강하게 결혼을 밀어붙이지 않은 것을 후회하기도 했다. 결혼이 그녀를 구원해 주었을지도 모른다고 자신과 주변 사람들을 원망했다. 그는 시엔과의 만남을 통해 아주 잠깐 그토록 바라던, 여성과 아이들이 있는 삶을 경험했다. 아마도 시엔과 아이들을 떠난 것은 너무나 어려운 결정이었을 것이다. 그러한 선택으로 인해 마음이 "고통으로 시들어 간다"라고 표현했을 정도이니 말이다.

뉘넌에서의 사랑

빈센트는 시엔과 이별한 뒤 네덜란드 동부의 드렌터 지방으로 떠났다. 그는 자연과 홀로 대결하며 황야의 농부와 오두막집 등의 풍경을 그리며 슬픈 마음을 다잡으려 했다. 언제나처럼 자연은 위대한 치유자라고 생각했기 때문이다. 그러나 겨울이 닥치면서 다시 뉘넌에 있는 아버지의 사택으로 돌아와야만 했다.

가족들은 빈센트를 달갑지 않게 여겼다. 서른 살이나 되었지만 자립할 능력이라고는 없어 보이고, 독특한 복장과 행동으로 당황하게 하는 그를 미친 사람처럼 취급하고는 했다. 특히 아버지는 자신이 혐오하는 졸라, 공쿠르 형제, 기 드 모파상 등의 소설에 빠져 있는 아들을 비난했다. 당시 이런 작가들의 자연주의 소설은 보수층에서는 증오의 대상이었다. 그럼에도 아버지는 아들에게 목사관 뒤뜰의 세탁장을 화실로 제공해 주었다. 빈센트는 1883년부터 1885년까지 2년간 그곳에서 머물며 280여 점의 소묘와 수채화와 비슷한 수의 유화를 그렸다.

당시 빈센트는 이웃에 있던 섬유 공장 주인의 딸인 마르호트 베헤만과 알게 되었다. 빈센트보다 열두 살이나 더 많았던 마르호트는 빈센트를 몹시 좋아했다. 부유하고 엄격한 신교도 가문의 딸이었던 그녀는 뉘넌에서 자라 고향 바깥으로 나가 본 적이 없었고, 세상에 대해 아는 것이 거의 없었다. 그녀는 병든 사람에 대한 봉사심이 투철한 것으로도 유명했다. 빈센트의 어머니가 다리를 다쳤다는 소식을 들었을 때도 당장 달려온 이는 그녀였다. 이후 여

뉘넌 시절 반 고흐의 작업실

반 고흐는 시엔과 헤어진 뒤 북부의 춥고 어둡고 황량한 땅을 방황하다가 그 사이 부모님이 새로 이사해서 살고 있던 뉘넌으로 돌아왔다. 그러나 부모님과 무능해 보이는 서른 살 된 아들의 관계는 날마다 긴장의 연속이었다. 부모님은 목사관 뒤편에 있는 부속 건물을 비우고 아들이 화실로 쓸 수 있게 해 주었다.

〈뉘넌의 포플러나무 길〉

반 고흐는 1883년 말부터 1885년 11월까지 2년간 뉘넌에서 머물며 약 280점의 소묘, 수채화
와 비슷한 수의 유화를 그렸다. 야외에 나가 그리는 것을 좋아했던 그는 목사관 인근을 오랫
동안 산책하며 평화로운 전원 속에서 그림의 주제를 찾았다. 캔버스에 유채, 98×78센티미터,
1885, 보이만스반뵈닝언미술관, 로테르담.

섯 달 동안 그녀는 빈센트의 어머니에게 책을 읽어 주고 목사관의 허드렛일을 도맡아 해 주었다. 이렇게 기꺼이 타인에게 헌신하고 봉사하는 그녀의 모습은 빈센트를 감동시켰다.

그러나 마르호트는 오랜 세월 은둔한 탓에 감정적으로 불안정했는데, 말하자면 연약하고 예민하며 연극조로 행동하는 경향이 있었다. 그녀는 빈센트에게 소녀 같은 호기심을 품었다. 빈센트가 깊은 생각에 잠긴 채 항상 똑같이 차려입고 스케치 여행을 나서는 것을 지켜보았다. 그의 외로운 처지와 진지한 성격을 본 그녀는 마침내 자신과 비슷한 사람을 발견했다. 빈센트는 그녀의 관심을 싫어하지 않았다. 빈센트의 가족은 빈센트가 그녀와 가까이 지내는 것을 못마땅하게 여겼지만, 테오만은 형이 즐거운 생활을 하게 되었다고 기뻐했다.

마르호트와 빈센트는 가끔 긴 산책을 나섰다. 하루는 마르호트가 자신이 사랑에 빠졌다며 빈센트를 위해 기꺼이 죽을 수도 있다고 고백했다. 빈센트는 당혹스러웠지만 그녀에게서 늘 먼저 사랑을 고백하던 자신의 모습을 보았다. 결국 베헤만 집안 사람들은 둘의 관계를 눈치챘다. 두 사람 모두 대책 회의에 불려 나갔다. 혼기를 넘긴 두 언니를 비롯한 가족은 마르호트가 무분별하게 행동한다고 맹비난하며 그녀의 사랑을 비웃었다. 이때 빈센트는 오기가 생겨 탁자를 내리치며 "그녀와 결혼하겠습니다. 그러고 싶어요. 그래야 합니다"라고 했다. 진심이 아닌 성난 최후통첩이었다!

며칠 뒤 마르호트와 빈센트는 들판에서 만났다. 은밀하고 금지된 마지막 만남이었다. 이야기 도중에 마르호트가 경련을 일으키며 힘없이 주저앉았다. 약을 삼킨 것이다. 소설 속 보바리 부인이 삼켰던 스트리크닌! 만약 빈센트가 그녀를 토하게 하지 않았더라면 죽었을지도 모른다. 다행히 치사량이 아니어서 급히 의사에게서 해독제 처방을 받았다. 베헤만 가문은 즉시 이 사건을 덮었고, 추문을 피하기 위해 그녀를 멀리 떠나보냈다고 했다.

이렇게 네 번째 여인 마르호트와의 사랑도 막을 내리게 되었다. 이 일은 이례적으로 빈센트가 상대로부터 사랑을 더 받았던 유일한 연애 사건이었다. 훗날 그는 한 번도 사랑이라는 것을 해 본 적이 없는 마르호트를 사랑 없는 삶의 비참함에서 구제하려고 했다고, 그 순간만큼은 그녀를 사랑했노라고 주장했다. 자기 행동이 충동적이고 어리석었을지는 모르나 적어도 남자다운 행동이었노라고 항변했다. 그러면서 어리석은 짓을 전혀 안 하는 사람들이, 자신의 눈에는 더 어리석어 보인다고 했다.

파리 시절의 뮤즈

파리 시절 빈센트는 모델을 찾아 헤매던 중 아고스티나 세가토리를 만났다. 몽마르트르에 있는 탱부랭카페의 마담으로서 마흔여섯 살이던 세가토리는 모델 일을 계속하기에는 늙었지만 모델이 너무나 아쉬웠던 빈센트의 처지에서는 그럭저럭 적당한 인물이었다. 아마도 두 사람은 무고한 육체적 관계도 즐기며 연인 사이 비슷하게 지냈을 것이다. 마치 카페 여주인이 많은 남자들의 무의지적 애인이듯이 말이다. 물론 이 관계에서도 빈센트가 더 많이 좋아했음이 분명하다.

아고스티나 역시 빈센트처럼 이방인이었다. 그녀는 이탈리아 출신으로 나폴리에서 10대 시절을 보낸 뒤 모델 일과 매춘의 아슬아슬한 경계에서 살아왔다. 1860년경 아고스티나는 유혹적인 표정과 관능적인 육체로 파리 입성에 성공했다. 온 유럽이 짙은 색 머리카락을 지닌 이탈리아 여성의 관능성을 탐하던 시절이었다. 파리에 온 그녀는 장 레옹 제롬, 코로, 에두아르 마네, 에드가르 드가를 비롯한 거장들을 위해 포즈를 취해 주었다. 화가들은 매력적인 전통 의상을 입고 집시 정신의 표상인 탬버린을 든 그녀의 초상을 그렸다. 앞선 많은 모델들처럼 세가토리도 후원자를 찾아냈고, 1885년에는 탱부랭카페를 열어 자기 명성을 자본화하기에 이르렀다.

빈센트가 세가토리를 처음 만났을 무렵, 그녀는 이미 경험 많고 자유분방한 마담으로 늙어 가고 있었다. 그녀는 탱부랭카페를 통해 자신의 인맥을 동원하여 매춘이라는 부업을 겸하고 있었다. 빈센트도 그녀 덕분에 창녀의 누드를 비롯하여 다양한 스케치를 할 수 있었다. 꽃다발을 그려 그녀에게 선물하기도 했다. 그 카페는 화가들의 작품을 전시하는 곳이기도 했다. 그래서 빈센트는 그녀가 자신의 그림 판매에 도움을 줄 수 있다는 생각도 했다. 정열적인 네덜란드인을 가엾게 본 세가토리는 카페 벽에 다른 화가의 작품들과 함께 빈센트의 작품을 몇 점 걸어도 좋다고 허락했다. 그녀는 꽃을 보내 줌으로써 주제도 제시했고, 식대를 그림 값에서

〈탱부랭카페에 앉아 있는 아고스티나 세가토리〉

파리 시절, 탱부랭카페의 주인인 세가토리는 종종 반 고흐의 그림 모델이 되어 주었다. 이탈리아에서 태어나 파리로 건너온 그녀는 모델 일과 매춘의 경계에서 산전수전 겪은 여인으로 늙어 가고 있었다. 그런 그녀에 대해 반 고흐는 시엔에게 그랬듯이 깊은 연정을 느꼈다. 그녀 역시 반 고흐를 가엾게 여기고 그의 작품을 카페에 걸게 해 주는 등 둘은 비밀스러운 관계를 맺었다. 그러나 반 고흐의 도를 넘는 구애에 둘의 관계는 결국 틀어지고 말았다. 캔버스에 유채, 46.5×55.5센티미터, 1887~1888, 반고흐미술관, 암스테르담.

빼 주기도 했다.

　빈센트는 테오가 요하나 봉어르에게 청혼하러 암스테르담으로 떠날 때가 다가오자 급박한 마음에 사로잡혔다. 동생의 결혼으로 자신이 버려진다는 생각이 들었는지 빈센트는 평소 잘 지내던 세 가토리에게 구애했다. 산전수전 다 겪은 조폭의 애인이던 여자에게 그는 육욕에 가까운 애정 공세를 펼쳤다. 그러나 다른 사내와 사랑에 빠져 있던 그녀는 거절했다. 빈센트는 자기 식대로 판단했다. 그녀가 주위의 위험한 사내들로부터 자기를 보호하려는 것이라고 말이다. 심리학에서는 이런 경향을 무드셀라증후군이라 부르는데, 즉 나쁜 일은 잊어버리고 좋은 것만 기억하려는 편향성을 가리킨다. 추억을 아름답게 포장하려는 일종의 현실도피 심리라 할 수 있다.

　빈센트는 아고스티나를 설득할 수 있다고 생각하고 계속 카페에 드나들었다. 결국 그녀의 남자와 주먹다짐이 벌어졌고, 빈센트는 피를 흘리고 현장에서 도망쳤다. 이런 사건이 있었음에도 불구하고 빈센트는 그녀를 시엔처럼 슬픔에 잠긴 성모 마리아로 묘사했다. 비난하기보다는 무고한 희생자로서 불쌍히 여겼다. 시엔과의 관계에서 그랬듯이 면죄만이 그 착각을 계속해서 살려 둘 수 있었다. "여전히 그녀에게 애정을 느낀다. 그리고 그녀 역시 나에게 애정이 남아 있으면 좋겠구나."

어머니의 사랑을 갈구하다

여성에 대한 빈센트의 사랑은 도대체 어디에서 기원했을까? 통상 남자가 사랑하는 여자를 고를 때 어머니라는 존재는 무의식적으로 그 기준점이 된다. 아이는 어머니를 경험함으로써 여성성, 곧 모성 콤플렉스를 내면화한다. 남아에게는 특히 어머니라는 존재가 믿음의 첫 대상이다. 남아는 어머니의 성격이 얼마나 변덕스러운지, 어떤 의식 수준인지, 어떤 상처를 지녔고 그것을 어떻게 수습하는지 등의 문제를 그대로 물려받는다.

그렇다면 빈센트에게 어머니라는 존재는 어떻게 각인되었을까? 그가 최초로 본 어머니의 모습은 상복 입은 여자였다. 빈센트가 태어나기 1년 전에 첫아들을 잃은 어머니는 아주 오랫동안 상복 차림에 우울하고 근심 어린 모습을 하고 있었다. 빈센트의 유아기가 확실히 어떠했는지는 알 수 없지만, 그가 유달리 타인의 처지를 잘 이해하려 했다는 점은 시사하는 바가 크다. 통상 유아기에 받아야 할 사랑이 충분하지 못한 사람은 타인에 대한 의존도가 높다. 즉 타인의 입장을 잘 이해하고 싶어 하는데, 특히 우울하거나 불행을 겪는 사람에게 크게 공감한다. 이런 의존과 공감은 투사와도 관련된다. 빈센트가 남편을 잃은 사촌 누이 케이 보스와 창녀 시엔, 결혼 적령기를 넘긴 히스테릭한 마르호트 같은 상처 입고 소외된 여인들에게 연민을 느끼고 사랑하게 된 것도 동일시의 투사에 해당한다.

실로 모성 결핍에 시달린 빈센트는 어머니에 대한 애착이 매우 심했다. 주기적으로 어머니의 호의를 얻거나 되찾고자 하는 욕구에 사로잡혔고 그것에 짓눌려 있었다. 그는 어머니 같은 인물에 대한 강렬한 애정과, 타인의 삶에서 어머니 노릇을 하고자 하는 강렬한 바람 사이를 오락가락했다. 그가 얼마나 어머니 같은 여성에게 집착했는지 알 수 있는 그림이 있다. 앞서 언급한 드 샹파뉴가 그린 〈비탄의 여인〉은 상복 입은 우울한 중년의 여성이 주인공으로, 빈센트에게는 바로 어머니로부터 각인된 이미지였던 것이다.

그러나 현실의 어머니는 결코 맏아들을 이해하지 못했다. 빈센트가 성년기에 접어들자 어머니는 맏아들에 대한 희망을 포기해 버렸다. 어머니가 보기에 아들은 이상하고 비현실적인 생각으로 가득 차 있는 것 같았다. 그녀는 아들의 종교적이고 예술적인 포부를 장래성 없는 방황으로 간주했고, 그저 가족 한 명이 죽고 없는 것이나 다름없다고 치부했다. 또한 빈센트가 의도적으로 부모에게 고통을 준다고 비난했다. 아들이 집에 남겨 놓은 그림들을 쓰레기 버리듯 처분했고, 이후에 받은 작품들도 거의 무관심하게 다루었다. 어머니가 죽은 뒤(빈센트가 죽고 난 뒤 17년을 더 살았다) 유품에는 빈센트가 보낸 편지 몇 장만 있을 뿐 아들의 작품은 단 한 점도 없었다. 그녀는 빈센트의 편지에 답장하지 않았고, 아들이 병상에서 죽어 갈 때에도 결코 보러 가지 않았다. 빈센트가 죽은 뒤에도, 뒤늦게 명성이 높아졌을 때도 어머니는 자기 행동을 후회하지 않았고, 아들의 미술 세계가 어리석다는 견해를 결코 바꾸지 않았다.

빈센트 역시 어머니의 거부 반응을 결코 이해하지 못했다. 아들

〈에턴 정원에 대한 추억〉

여성들에 대한 반 고흐의 사랑은 기본적으로 어머니에게서 기인한 바가 컸다. 어머니에 대한
애착이 강했던 그는 늘 모성 결핍에 시달렸고, 그래서 어머니 같은 여성을 보면 무섭게 빠져
들었다. 그러나 현실에서 그의 어머니는 아들의 삶과 예술 세계를 끝내 이해하지 못했다. 이
그림은 반 고흐가 아를 시절 어머니를 추억하며 그린 것이다. 왼쪽 인물은 여동생 빌레미나
를, 오른쪽 인물은 어머니를 모델로 한 것이다. 캔버스에 유채, 92.5×73.5센티미터, 1888, 스테
이트헤르미티지박물관, 상트페테르부르크.

이 보기에 어머니는 편협하고 동정심이 없었다. 어머니에 대한 몰이해는 조바심으로, 조바심은 수치심으로, 수치심은 분노로 이어졌다. 때때로 어머니를 심술궂고 무정한 여자라고 힐난하기도 했다. 시간이 흐르면서 모자지간은 점점 더 데면데면해졌다.

그럼에도 어머니에 대한 빈센트의 애착이 완전히 사라지지는 않았다. 역설적으로 어머니를 비난할수록 무의식적으로 그녀에 대한 애착은 더욱 심해져 갔다고도 볼 수 있다. 다시 말해 언제나 마음 깊은 곳에서는 어머니에게 인정받고자 무진 애를 썼던 것이다. 빈센트는 인생의 종착점에서 사진을 보고 어머니의 초상을 그렸고, 시 한 편을 함께 썼다. 훗날 그는 모든 어머니와 아이의 모습이 눈시울을 붉히게 하고 가슴을 녹인다고 고백했다. 모성애를 환기하는 모든 이미지는 빈센트를 사로잡았다. 꽃꽂이, 바느질, 요람 흔들기, 불가에 앉아 있기 등. 그는 스무 살이 넘어서도 어린아이가 원할 법한 모성애와 그 상징에 집착했다. 어머니는 그를 버렸지만, 그의 내면은 지극한 모성을 찾는 일을 단 한순간도 포기한 적이 없었다.

예술이 사랑의 자리를 대신하다

빈센트의 사랑이 실패를 거듭하자 예술이 사랑의 자리를 차지하게 되었다. 사랑의 실패는 예술에 더 몰입하게 해 주었다. 사랑의 결렬로 인한 상처와 절망을 그림을 그리는 동안만큼은 잊을 수 있었고, 어떤 숭고한 감정으로까지 나아갔다. 그렇게 예술이 사랑을 대신하게 되었을 때, 그것은 많은 희생을 요구했다. 이를테면 가족과의 유대, 성교, 결혼, 우정 등 많은 것을 포기하게 만들었다. 어쩌면 그렇기 때문에 빈센트는 삶의 마지막 2년 반 동안 그렇게도 많은 그림을 그려 낼 수 있었을지 모른다.

특히 빈센트가 포기한 것은 성행위였다. 창녀와 살 때 매독에도 감염되어 그 후유증으로 고생했지만, 그것이 지나친 성행위의 결과는 아니었다. 그는 성교를 지나치게 많이 하면 작업할 에너지가 소진된다고 하면서 예술을 위해서는 정력을 희생해야만 한다고 테오는 물론 동료 화가에게 충고하기도 했다. 그는 베르나르에게 보낸 편지에서 "그림과 성교는 양립할 수 없지. 성교는 뇌를 약하게 만드는데, 그것은 정말 엄청난 일이지"라고 했다.

빈센트는 정력적인 동시에 금욕적이었던 선배 예술가들을 들먹였다. 먼저 들라크루아가 작품에 정진하기 위해 성행위를 삼가고 깊은 연애를 포기했음을 밝혔다. 드가는 여자들을 사랑하고 성교를 자주 하면 뻔하디 뻔한 재미없는 화가가 된다는 것을 알기에 여자를 좋아하지 않았다고 했다. 또한 세잔의 작품에 남성적 힘이 넘치는 것은 그가 결혼 생활의 재미에 깊이 빠져 있지 않기 때문이라고도 했다.

한편 네덜란드 화가들이 직업과 성생활을 병행하면서 정력적인 남성적 작품을 할 수 있었던 이유는 절제된 성과 평온한 생활 습관을 유지한 탓이라고 생각했다. 빈센트는 고갱과의 예술적 결합을 위하여 모든 '원기'를 아끼려고 했다. 그래서 성교뿐만 아니라 결혼과 가족도 포기하겠다고 선언했다. 그가 생식적인 충동을 포기할수록 창조적인 충동을 더 다급하게 찬양했다. "미를 향유하는 것은 성교와 같네. 무한한 한순간이지"라고 베르나르에게 말했다. 빈센트는 자식 대신 예술을 창조할 것이라고 확신했다. 또한 자신의 그림이 보다 고귀한 결합, 테오와의 형제애 혹은 고갱과의 동지애가 낳은 '자식들'이라고 고백했다.

이처럼 빈센트는 성행위와 그림 그리는 일을 양립 불가능한 것으로 생각했다. 그리하여 성교를 절제하는 대신, 아니 더 정확히 말해 더 억압하는 대신 캔버스와 맞장을 뜬 것이다. 그러니까 빈센트에게 그림 그리는 일은 자위행위를 비롯한 모든 성적 욕구를 해소하거나 승화하는 행위였다는 뜻이다. 또한 이렇게 생각해 볼 수도 있다. 유년 시절 남아들의 세계에서 성기를 보여 주고자 하는 원초적 소망은 어른이 되어 '과시'와 같은 사회적으로 용인된 방식으로 승화된다는 가정이다. 예컨대 공적인 지위를 갖는 일, 거대한 건축물을 짓는 일, 예술 작품을 제작하는 일도 그런 과시에 해당되는 것이 아닐까? 다시 말해 자신의 성기를 보여 주듯 그림을 보여 준다고 한다면 지나친 논리일까?

창녀, 예술가의 쌍둥이

파리는 난봉꾼의 도시였다. 당시 파리 오스망대로의 카페에는 창녀가 들끓었다. 도시의 성인 남자 중 4분의 3에 이르는 이들이 성적 서비스를 받았다. 그토록 많은 기회에 둘러싸인 빈센트 역시 자제하기 힘들었다. 특히 탐서가이던 그가 읽어 치운 책들, 특히 매춘의 연대기로 유명한 졸라의 『나나』와 공쿠르의 『창녀 엘리자』는 그를 성적인 자유와 방종에 대한 환상으로 가득 채웠다. 또한 자신을 스스로 "정육점 고기 같은 창녀 앞에 선 야수"로 묘사하기도 했다.

10대 후반부터 창녀를 찾았던 빈센트는 그저 외로움을 이기고 친밀감을 찾기 위한 방편으로 그렇게 했다. 즉 술을 마시고, 카드놀이를 하거나, 삶에 대한 걱정과 고통에 대해 토로하기 위해 갔던 것이다. 그러나 그렇게 멸시받고 비천한 여인들과의 관계는 연민과 동정심이라는 감정과, 성욕의 절제라는 이성 사이에서 그를 고민에 빠뜨렸다. 그럼에도 그는 정기적인 사창가 방문은 여성에 대한 지나친 관심을 효율적으로 방어할 수 있는 방법이라고 생각했다. 이렇듯 빈센트는 예술을 위해서는 성적인 에너지를 아껴야 한다고 주장할 때조차 창녀에게 가는 일을 마다하지는 않았다. 새로운 도시를 여행할 때도 곧잘 매음굴에 들렀다. 아를에서도 고갱과 정기적으로 사창가를 방문했다.

그뿐만 아니라 빈센트는 여성과의 사랑이 결렬될 때마다 창녀를 찾아갔다. 아마도 성적 충동보다는 너무 외로워서였을 것이다. 테오와 주고받은 편지에서 빈센트는 창녀와 모델에 대해 쉼 없이 이야기했다. 빈센트는 창녀를 "그토록 저주받고 비난받고 경멸당하는 여자들"로 묘사하면서 그녀들에 대해 애착을 느낀다고 고백했다. 창녀를 자비로운 누이들로 치부하면서 그 미덕을 찬양했고, 집요하게 그들과 우정을 맺고자 하는 자신의 욕구를 정당화했다. 그는 "그들에게는 아무런 문제가 없다고 본다. 나는 그들에게서 인간적인 뭔가를 느낀다"라고 말하면서 테오에게도 느낌이 좋은 창녀가 있다면 망설이지 말고 만나야 한다고 충고하기까지 했다.

사실 당대 예술가들과 지식인들은 자신들과 창녀에게서 공통점을 발견했다. 그러니까 창녀는 뿌리 뽑힌 자요, 사회에서 쫓겨난 자이며, 사랑의 제도적, 부르주아적 형태에 반항할 뿐만 아니라, 사랑의 자연적인 정신적 형태에 대해서도 저항하는 반항아들이라는 것. 또한 감정의 도덕적 조직을 파괴할뿐더러 감정의 근거 자체를 파괴하는 존재라고 생각했다. 창녀는 격정의 와중에서도 냉정하고, 언제나 자기가 도발한 쾌락의 초연한 관객

이며, 남들이 황홀해서 도취에 빠질 때도 고독과 냉담을 느낀다는 면에서 거부할 수 없는 매혹적인 대상이라는 것이다. 그리하여 그들은 창녀를 예술가와 쌍둥이라고 간주했다.

창녀에 대해 보이는 데카당스 예술가들의 이해심은 감정과 운명의 이러한 공통성에서 생겨났다고 보아야 한다. 빈센트 역시 창녀를 사회로부터 추방당한 사람들이라고 보았으며, 자신의 누이이자 친구라고 생각했다. 이 말은 곧 그들이 바로 자신과 같은 운명 공동체라는 것이다.

〈슬픔〉. 창녀인 시엔을 모델로 그린 것으로, 아무런 보호막 없이 얼굴을 깊이 파묻고 슬픔에 잠겨 있는 모습을 통해 그녀가 짊어진 생의 무거움을 고스란히 표현했다.
종이에 연필, 27×44센티미터, 1882, 뉴아트미술관, 월솔.

영감의
근원

나를 가장 감동시키는 것들은 모두 자연 속에 있어.
모든 게 비에 젖는 풍경은 얼마나 아름다운지.

— 빈센트 반 고흐, 『세상에서 가장 아름다운 편지』 중

예술을 가장 잘 이해할 수 있는 길

산책을 자주 하고 자연을 사랑하도록 하렴. 그것이 예술을 가장
잘 이해할 수 있는 참된 길이란다. 화가는 자연을 이해하고 사랑
하며, 자연을 보는 방법을 우리에게 가르쳐 준단다.

— 빈센트 반 고흐, 『세상에서 가장 아름다운 편지』 중

빈센트는 호기심 천국형 취향을 가진 사람이다. 걷기, 독서, 관
찰, 소묘, 수집 등 관심사가 너무나 다양했다. 특히 자연에 대한 관
심은 그의 삶과 예술에서 정서적 뿌리가 되어 주었다. 정신분석학
자 도널드 위니콧에 따르면 창의력이 풍부한 사람들은 어린 시절
에 자연과 하나가 되는 신기한 체험을 했다고 한다. 아이들은 혼
자 있으면서 상상을 즐기는 과정을 통해 창조적인 잠재력을 발휘
한다는 것이다. 빈센트 역시 자연과 더불어 어마어마한 신비 체험
을 했다. 혼자 있는 시간이 많았지만 은둔형 외톨이는 아니었다.

〈사이프러스나무가 있는 초록의 밀밭〉
평생 세상과 잘 어울리지 못한 반 고흐는 어려움에 처할 때마다 들판과 숲과 황야를 쏘다니
며 그 속에서 위안을 얻었다. 자연은 그의 삶과 예술 세계를 떠받쳐 주는 버팀목이었다. 이 작
품은 반 고흐가 생레미의 생폴드모졸요양원에서 머물 때 그린 것이다. 캔버스에 유채, 92.5×
73센티미터, 1889, 국립프라하미술관, 프라하.

학교생활에 적응하지 못한 아이였지만, 호기심이 많고 산만했기에 시쳇말로 싸돌아다니는 아이였다. 그러니까 방랑형 외톨이라고나 해야 할까?

빈센트가 가족으로부터 탈출하고자 시도한 첫 번째 방법은 바로 하염없이 걷기였다. 그는 목사관에서 느껴지는 밀실공포증에서 벗어나기 위해 주변 들판과 황야를 쏘다녔다. 특히 황야에서 위로를 받았다. 바람 부는 황야는 모든 관찰력을 총동원할 수 있는 공간이었다. 꽃을 피워 올리는 야생화, 알을 낳는 곤충, 둥지를 짓는 새 등. 그는 덤불의 생물을 관찰하는 데 오랜 시간을 보내고, 모랫둑에 앉아 수생 곤충의 움직임을 관찰하는 데 몰두했다.[*]

학교 아이들은 빈센트가 쌀쌀맞고 친구를 사귀지 않는 아이였다고 회상했다. 유년 시절 또래 아이들과 진정으로 적절한 교유 관계를 맺지 못한 빈센트는 점점 더 외로이 홀로 여행하는 데 많은 시간을 보냄으로써 자신을 고립시켰다. 부모, 누이, 친구, 심지어 테오와도 점점 소원해지면서 더욱더 자연에서 위안을 찾았다. 그는 기운을 되찾고 원기를 회복하러 자연으로 갈 것이라는 말을 자주 했다. 자연의 광대한 초연함 속에서는 위로만큼이나 위험도 발견했다. 그는 낭만주의자들처럼 자연 속에서 자신을 잃어버리고 왜소해지는 것을 느낄 수 있었다. 영감을 얻기도 하고 압도당하기도 했다.

---

[*] 자연과 우주에 대한 네덜란드인 특유의 호기심과 세심한 관찰력은 현미경과 망원경이라는 과학적 창조물을 만들어 냈다.

빈센트가 10대에 경험한 신앙적, 가정적 억압과 그것에 대한 반항으로 시작한 자연에 대한 관찰은 평생의 습관이 되었다. 이처럼 북유럽의 습기와 혹한 속에서 수십 킬로미터의 황무지를 몇 시간씩 걷는 것이 몸에 밴 빈센트에게 걷기는 훗날에도 현실을 잊게 하는 동시에 살게 하는 수행법이 되었다. 언제나 부랑아 같은 남루한 옷차림과 분노와 슬픔으로 가득 찬 얼굴로 걷고 또 걷는 고행을 거듭하는 일이 평생 지속되었으니 말이다.

이처럼 빈센트에게 자연이란 늘 양날의 검 같은 것이었다. 유년 이후에도 인생이 어려움이 처할 때마다 그는 황무지로 가서 위안을 찾았다. 아이러니하게도 위안을 얻음과 동시에 더 심한 외로움을 발견했을 뿐이지만. 인생을 목적지 없는 산책 혹은 여행에 비유했던 빈센트는 남프랑스에 와서도 밤마다 산책길에 나섰다. 하늘을 응시하면서 멀리 있는 행성들과 보이지 않는 세상에 관한 상상으로 그 시절을 견뎠다. 지상에서는 창조할 수 없을 것 같은 천국을 상상하면서 말이다.

고독한 탐서가

빈센트는 엄청난 독서가였다. 다른 이들이 카드놀이를 하는 동안 구석에서 책을 읽고 있는 빈센트의 모습을 상상하기란 어렵지 않다. 이는 그가 친구들과 소통하기보다는 홀로 시간을 많이 보냈다는 사실과도 연관된다. 홀로 해야 좋은 것은 독서와 관찰이기

〈한 켤레의 구두〉

반 고흐는 산책을 자주 하고 자연을 사랑하는 것이야말로 예술을 진정으로 이해할 수 있는 참된 길이라고 생각했다. 인생을 목적지 없는 산책 혹은 여행에 비유하기도 했다. 그의 낡은 구두 그림들을 보면 가난한 방랑자가 짊어진 삶의 고단함이 고스란히 느껴진다. 캔버스에 유채, 41.5×37.5센티미터, 1887, 개인 소장.

때문이다. 빈센트가 독서의 세계에 오롯이 몰입할 수 있었던 것은 그의 기질 때문만은 아니다. 사람들 사이에서 고통당하고 소외감을 느낄 때마다 그는 무작정 걷거나 독서의 세계로 깊이 침잠했다. 열한 살 때 강제로 기숙학교에 들어가면서 가족들과 헤어지게 되었을 때도, 런던에서 하숙집 여인 유지니에게서 실연당한 뒤에도 그는 많은 시간을 고독한 취미 생활인 산책과 독서와 편지 쓰기로 보냈다. 구필화랑 파리 본사로 발령을 받고서도 성서 공부와 독서에 매진했다. 코스모폴리탄적인 파리의 화려함과 사람들로부터 소외감을 느낄 때마다 독서의 세계로 깊숙이 도피했다. 사실이는 강박적이고 집착적인 행동이라고 볼 수 있는데, 어떤 불안감을 암시하는 것이기도 하다.

어쨌거나 빈센트를 만든 것의 8할이 독서라고 할 수 있을 정도로 그는 맹렬한 탐서가였다. 상당히 폭넓은 독서를 했던 그는 누구와도 폭넓은 대화를 할 수 있었다. 논쟁과 토론에 능했던 것도 바로 오랜 기간 습득해 온 독서력 덕분이었다. 더군다나 글솜씨 또한 탁월했다. 그도 그럴 것이 읽기는 쓰기의 80퍼센트라고 하지 않는가! 그가 평생 써 온 편지는 서간 전집으로 나올 정도의 분량이다. 그 글은 논리적인 동시에 횡설수설하다. 자기변호와 방어 그리고 타인의 의견에 대한 수용력이 엄청나다. 문학적 상상력과 재능이 소설가 수준 이상이다.

빈센트는 스무 살이 넘어서도 초라한 작은 방에 홀로 앉아 성서는 물론 어린 시절 읽었던 한스 크리스티안 안데르센, 하인리히 하이네, 요한 볼프강 폰 괴테를 베껴 쓰며 진실한 벗들을 불러냈다. 간결하고 홈 없는 필체로 따라 적기 바빴다. 필사는 어떤 한 작가의 세계를 이해하는 탁월한 방법임에 틀림없다. 빈센트는 프랑스 작가들 중에서는 자연주의 소설의 선구자인 졸라를 특별히 좋아했다. 졸라의 냉소적이고 세상 물정에 밝은, 주인공답지 않은 주인공 속에서 새로운 패러다임을 목도했다. 졸라는 부르주아의 삶을 몹시 혐오하여 그들의 부도덕성과 이중성이라는 치부를 당시로서는 몹시 위험한 수준의 언어로 표현했고, 후에 프랑스 좌파 문학을 형성하게 되었다. 빈센트는 특히 졸라의 『살림』속 주인공인 무레에게 매료되었다. 입신출세를 위해 파리에 진출한 지방의 행상인이자 난봉꾼인 무레는 졸라가 제시하는 궁극적인 근대적 인간상이었다.

빈센트는 무레의 냉소적이고 기회주의적인 인생관과 현세주의적인 철학관을 오히려 흥미로워했다. 그의 남자다움과 열정을 부러워했다. 사과할 줄 모르는 무레의 자기중심주의, 끝없는 열정, 일절 타협하지 않는 배짱을 칭찬했다. 빈센트가 무레 같은 인물에게 매료된 것은 자신의 본성에 따른 선호라기보다는, 자신이 처한 현실을 타개하기 위한 방편이었을 것이다. 테오에게도 무레 같은 미술품 중개인이 되어 보라고 종용했다. 이때부터 빈센트는 소묘보다는 팔릴 만한 유화와 주제로 돌아섰다. 어떤 비평가나 동료의 말보다 소설 속 인물이 주창한 바를 실천하기로 작정한 것이다. 이처럼 졸라는 빈센트의 정신세계를 구성하는 기준 가운데 하나가 되었다. 졸라의 추종자인 모파상, 알퐁스 도데, 장 리슈팽, 조리 카를 위스망스, 플로베르, 공쿠르 형제의 작품들도 읽었다. 특히 도데의 『쾌활한 타르타랭』 같은 희극 작품은 자신과 테오와 여동생 빌레미나의 우울증을 치료하기 위한 하나의 방법이라고 믿었다.

파리 시절 코르몽 화실의 동료 학생은 빈센트가 오노레 드 발자크의 작품을 읽고 있다는 사실만으로도 높이 평가하기도 했다. 빈센트는 모국어 외에도 프랑스어, 독일어, 영어를 할 줄 알았고, 외국어로 된 책들을 끊임없이 읽었다. 그리하여 독일어로 번역된 노르웨이 작가 헨리크 입센의 희곡, 윌리엄 셰익스피어와 찰스 디킨스와 조지 엘리엇 같은 영국 소설가의 작품도 읽었다. 특히 생폴드모졸요양원에서는 셰익스피어 전집을 보내 준 테오에게 "대단하지 않은 내 영어 실력을 잊어버리지 않는 데 도움도 되지만 무엇보다 참으로 아름답다"라고 썼다. 그곳에서 호메로스의 작품에 도전하기도 했다.

아를 시절에도 밤이 되면 책을 읽었다. 작업실의 가스등 아래에서 졸라의 신작인 『꿈』을 읽었다. 알리기에리 단테, 프란체스코 페트라르카, 조반니 보카치오, 조토 디본도네, 산드로 보티첼리에 관한 논문도 읽었다. 더불어 레프 톨스토이와 표도르 도스토옙스키 같은 러시아 문학에도 심취했다. 특히 톨스토이가 『예술이란 무엇인가』에서 진정한 문학 작품으로 인정한 목록을 분명히 읽었을 것이라는 추측도 가능하다. 톨스토이는 해리엇 비처 스토의 『톰 아저씨의 오두막』, 빅토르 위고의 『레미제라블』, 디킨스의 『두 도시 이야기』와 『크리스마스 캐럴』, 엘리엇의 『애덤 비드』, 도스토옙스키의 『지하 생활자의 수기』 등을 참된 예술 작품으로 인정했다. 빈센트가 아를 시절에 그린 마담 지누의 초상화에도 『톰 아저씨의 오두막』과 『크리스마스 캐럴』이 등장하는 것만 보아도 알 수 있다.

그는 당대의 삶과 사랑, 고통과 고뇌를 섬세하게 묘사한 현대 소설은 성서를 대체하는 것 이상의 역할을 한다고 생각했다. 이런 소설은 성서를 잇는 것이고, 예수도 동의할 것이라고 장담했다. 빈센트는 화가 안톤 반 라파르트에게 보낸 편지에서 그의 작업실에서 위고, 졸라, 디킨스의 소설을 볼 수 있었다는 것만으로 감동했음을 전했다. 더불어 인물 화가의 작업실에 소설을 볼 수 없다는 것은 공허한 일이라고 덧붙였다.

빈센트가 재정적인 불안감으로 고통을 받는 와중에도 결코 지출을 아낄 수 없었던 부분이 책이었다. 단행본뿐만 아니라 잡지도 구독했다. 그래서 예술계에 대한 것이라면 누구보다 빨리 새로운 소식을 접할 수 있었다. 노란 집은 책으로 가득했는데, 그 모습이 너무 아름다워서 그림으로 그리기도 했다. 노란 집에서의 독서 역시 편지 쓰기와 더불어 가장 중요한 일과가 되었다.

이처럼 빈센트는 화가가 그림 그리는 일 이외의 다른 것은 할 수도 없고 해서도 안 된다는 생각을 인정할 수 없다고 말했다. 책을 읽는 것은 그림 그리는 시간을 방해하는 것이 아니라 더 잘 그리고 더 많이 그릴 수 있게 한다고 믿었다.

무엇보다도 빈센트의 사회사상, 즉 타자에 대한 연민과 공감은 19세기의 수많은 예술가, 저술가, 철학자 들이 공유한 낭만적 반자본주의의 정신으로 이해해야 한다. 특히 낭만주의 저술가인 토머스 칼라일, 디킨스, 미슐레가 자본주의 이전의 문화적 가치라는

〈프랑스 소설과 장미가 있는 정물〉

탁자 위의 책들은 에밀 졸라, 기 드 모파상, 공쿠르 형제 등 당대 자연주의 문학을 대표하는
작가들의 작품이다. 반 고흐는 당대의 삶을 담은 소설은 성서 이상의 역할을 한다고 보았다.
캔버스에 유채, 93×73센티미터, 1887, 개인.

관점에서 19세기 정치, 경제, 사회질서를 비판했다는 점에 빈센트는 크게 공감했고, 그것이 그의 사회사상을 형성했다는 점을 염두에 두어야 한다.

사람들은 충분히 감탄하지 않아

빈센트는 자신에게 영감과 교훈을 주는 선배 화가들을 대단히 칭송하고 추종했다. 물론 뛰어난 예술가는 또 다른 예술가들의 멘토다. 놀라운 사실은 빈센트가 좋아하고 존경하는 화가들이 너무나 많았다는 것. 그는 자기가 좋아하는 화가들의 그림 인쇄본을 모아 방이건 작업실이건 벽이란 벽에 덕지덕지 붙여 놓았다. 미술사의 대가들과 동료 화가들의 그림은 그에게 놀라운 영감과 상상력의 원천이었다.

10대에 시작한 화상 시절에 빈센트가 본 대가들의 작품은 너무도 인상적이었다. 그가 담당한 일은 밀레나 앙리 루소의 작품을 찍은 사진을 파는 것이었다. 그가 본 그림들은 원화가 아닌 동판화, 그것도 흑백 이미지였기에 훨씬 더 숭고하고 강렬하게 느꼈을 것이다. 바로 그런 사진에서 받은 인상은 훗날 화가로 입문하는 데 결정적인 동기가 되었다.

화상을 그만두고 본격적으로 그림을 시작하기 전, 빈센트는 플랑드르 전도사 양성 학교에서 가끔씩 소묘를 하며 미술에 눈독을 들이기 시작했다. 이 시절 그는 화가, 미술사, 미술 수집품에 대한 책과 잡지 등을 맹렬히 탐독했고, 거기서 자극을 받아 실제 작품을 보기 위한 순례에 나섰다.

그는 덴하흐의 마우리츠하위스미술관에 있는 얀 페르메이르의 〈델프트 풍경〉과 렘브란트 하르먼스 판레인의 〈해부학 수업〉 등 네덜란드 왕실 소장품에 매료되었다. 암스테르담국립미술관에도 자주 갔는데, 거기서 프란스 할스의 〈행복한 술꾼〉과 렘브란트의 〈야경〉을 받고 깊은 감동을 받았다. 특히 친구와 함께 새롭게 개관한 암스테르담국립미술관을 방문했을 때 본 렘브란트의 〈유대인 신부〉에 관한 에피소드는 두고두고 회자된다. 또한 얀 반에이크와 한스 멤링 같은 위대한 플랑드르의 화가들의 작품을 보기 위해 브뤼셀까지 갔고, 페테르 파울 루벤스의 작품을 보기 위해 안트베르펜까지 가기도 했다. 그는 스스로 걸작이라고 판단한 작품 한 점을 보기 위해 이 세상 어디라도 갈 준비 태세가 되어 있었다.

아를에 와서는 빈센트의 그림 그리는 방식이 달라졌는데, 인상주의 화가들보다 낭만주의 화가였던 들라크루아의 영향이 컸다. 즉 눈앞에 있는 것을 정확히 묘사하려고 노력하는 대신, 들라크루아적 감각에 따라 느낌을 강렬하게 표현하기 위해 색채를 더욱더 자유롭게 구사하려고 했던 것이다.

빈센트는 자신이 좋아하는 화가들의 명단을 편지에 쓴 적이 있었다. 그 명단은 읽기 힘들 만큼 길었는데, 무려 예순 명에 이르렀다. 거기에는 네덜란드의 낭만주의자, 프랑스의 오리엔탈리즘 화가, 스위스의 풍경화가, 벨기에의 농민화가, 덴하흐 화파, 바르비종 화파, 전람회를 통해 만난 익명의 화가와 옛 거장이 포함되어 있었다. 미술에 대한 공부가 어느 정도 진전된 뒤에는 예전에 좋아한 궁정화가들의 아카데믹한 그림에 대해 마치 죄책감을 느끼는 듯이 "그때는 화려한 공작새의 깃털이 멋져 보였다"라고 고백하기도 했다.

그렇다면 빈센트는 왜 통상 진부하게 느껴지는 장 루이 에르네스트 메소니에의 그림이나 한물간 화가이던 몽티셀리의 그림에 그다지도 고무되었던 것일까? 그것은 그들의 그림에서 느껴지는 감정 때문이었다. 오랫동안 몽티셀리의 〈책 읽는 사람〉을 좋아했던 빈센트는 노란 집에 걸기 위해 그 그림의 동판화를 구했다. 사실 몽티셀리는 동시대 사람들에게 매우 기묘한 인물로 여겨졌고, 후대인들에게는 어떤 지지도 받지 못한 작가다. 그러나 빈센트는 그가 위대한 화가라고 확신했다. 물감을 두껍게 사용하고 붓질을 하는 몽티셀리의 방식은 빈센트에게는 매우 관심이 가는 부분이었고, 얼마간 자신의 작업에 차용하기도 했다.

빈센트는 특별히 매료된 화가는 밀레였다. 밀레의 작품은 노동의 신성함을 찬미한 당시의 소박한 농촌 그림과는 달리 과격한 정치적 주장을 내포한 것처럼 보였다. 주지하듯 빈센트가 본 그림은 원화가 아니라 흑백의 동판화였기에 그런 느낌은 더욱 강렬했을 것이다. 색과 빛이 더해진 원화는 성스러운 제단화 같기는 하지만 정치적 선전성은 약하다. 빈센트가 화가가 되기로 결심한 뒤 가장 처음으로 몰입한 그림 중 하나도 밀레의 〈씨 뿌리는 사람〉의 이미지였다.

빈센트가 이토록 좋아하는 작가들이 많았다는 것은 무슨 뜻일

〈낮잠〉

잘 감동할 줄 알았던 반 고흐에게는 좋아하는 화가들이 많았다. 그는 특히 밀레에 깊이 매료 되었는데, 이 작품은 그의 생레미 시절에 밀레의 소묘 작품인 〈한낮〉을 유화로 모사한 것이 다. 말년의 반 고흐는 발작에서 벗어날 때면 이렇듯 자신의 예술 행보가 시작된 밀레로 돌아 갔다. 캔버스에 유채, 91×73센티미터, 1890, 오르세미술관, 파리.

까? 그가 아직 배워야 할 것이 많았다는 뜻이기도 하지만, 무엇보다 감동할 줄 아는 존재였음을 말해 준다. 자연에 대해 그러했듯이 예술에 대해서도 연신 감탄한 빈센트는 자주 흔들렸고, 자극받았고, 위로받았다. 그는 예술가야말로 어떤 순간에도 진정으로 감동할 줄 아는 존재라는 사실을 확인시켜 준다. 마치 희랍인 조르바가 모든 만물을 처음 보듯 감탄했던 것처럼. 그래서 "되도록 많이 감탄하려무나. 많은 사람들은 충분히 감탄하지를 않아"라고 테오에게 보낸 조언은 비단 테오에게만 해당하는 것이 아니다. 창조하고자 하는 존재 모두에게, 아니 그저 우리 모두에게 해당하는 말이기도 하다.

먼 곳에 대한 사랑

빈센트는 일찌감치 일본 목판화인 우키요에의 매력에 푹 빠져 있었다. 그는 일본 그림을 보고 몸살을 앓았다. 당대 유럽에서는 '일본주의' 혹은 '일본 취향'을 일컫는 자포니슴이 예술가와 지식인 사이에서 대유행이었다. 화가들 중에서는 인상파 화가들이 더 각별한 관심을 보였다.

자포니슴은 19세기 중반 이후 서양 예술 전반에서 일본의 영향이 나타나는 현상을 지칭하는 용어다. 즉 유럽의 작가들이 일본 미술의 조형적 특질을 자기 작품 안에 창조적으로 살리는 태도를 말한다. 1854년, 일본이 유럽에 문호를 개방하면서 일본 미술의 영향이 서구에 나타나기 시작했고, 1862년의 런던만국박람회와 1867년의 파리만국박람회를 통해 일본의 도자기와 차 문화, 부채, 우키요에 판화 등이 유럽에 소개되면서 일본의 문화와 예술에 대한 관심도 열렬해졌다.

특히 우키요에에 대한 관심은 예술가들의 자포니슴 경향성을 더욱 강화했다. 우키요에는 에도시대에 유행한 풍속화로, 주로 목판화로 제작되었다. 우키요에라는 말은 '덧없는 세상'을 뜻하는 '우키요浮世'와 '그림'을 뜻하는 '에絵'가 결합한 것이다. 본래 전국시대 계속되는 내전으로 혼란을 겪으면서 이승에서의 덧없는 삶을 의미하는 말이었으나, 에도시대로 접어들면서 사회가 안정을 찾아가자 대중의 일상과 쾌락적 삶의 방식을 나타내는 그림을 가리키게 되었다.

파리만국박람회는 자포니슴을 유행시키는 계기가 되었다. 이때 우키요에 목판화는 단독 작품으로서뿐만 아니라, 도자기가 깨지지 않도록 하기 위한 완충제 구실도 했다. 일본에서 우키요에는 잡지나 전단지처럼 가볍게 취급되었고, 유럽으로 수출하는 도자기를 보호하기 위한 용도로도 사용되었다. 구겨진 우키요에를 펼쳐 보던 화가 겸 판화가 펠릭스 브라크몽은 그 새로운 미감에 충격을 받았고, 친구인 마네와 드가 같은 인상파 화가들에게 보여주었다. 그들의 반응을 상상해 보라. 한낱 포장재에 불과하던 우키요에가 희귀하고 신비로운 보물로 격상되는 순간이 아닌가!

빈센트가 우키요에에 이끌린 것은 그 독특한 매력 때문이기도 하지만, 고향이 네덜란드라는 사실과 관련된다. 네덜란드는 일본

<게에 붕대를 두른 자화상>

아를 시절, 빈센트가 자신의 귀를 자르고 난 뒤 처음으로 그린 자화상을 보면 배경에 사토 토라키요의 우키요에인 <게이샤가 있는 풍경>이 걸려 있다. 일본에 대한 반 고흐의 관심이 얼마나 컸는지 짐작하게 한다. 캔버스에 유채, 49×60센티미터, 1888, 코톨드미술관, 런던.

이 쇄국정책을 유지할 때도 유럽 국가 중 유일하게 일본과 교역한 나라다. 빈센트는 어렸을 때부터 일본에서 온 도자기, 공예품, 우키요에 등을 접할 수 있었다. 그가 런던에 살 때부터 관심을 가지고 지켜보던 우키요에 대한 관심은 1886년에 파리로 간 뒤 본격적으로 깊어지기 시작했다.

파리에 온 뒤 일본 판화와 더욱 친해질 수 있었던 이유 중 하나는 그가 엄청난 독서광이었기 때문이다. 일본 판화에 대한 관심은 그것을 적극적으로 소개한 공쿠르 형제로 인해 더욱 깊어졌다. 빈센트는 "일본적인 것은 영원하다"라는 공쿠르 형제의 선언이 환상적이고 독특한 전대미문의 무엇을 보여 준다고 생각했다. 빈센트는 또한 우키요에의 영향으로 일본 생활에 대한 동경까지 품었다. 그것은 또한 프랑스 소설가 피에르 로티의 『국화 부인』을 읽고 일본 정신에 매료되었기 때문이다. 빈센트는 일본 미술을 연구하면 너무나도 현명하고 지혜로운 철학을 만나게 된다고 언급했다. 그래서 그는 일본적인 감각과 묘법을 배우려고 노력했다.

파리 시절 빈센트는 헌책방을 자주 순례했는데, 매번 새로운 보물들을 발견하는 재미를 만끽했다. 특히 일본 그림의 복제화 속에 놀라운 세계가 담겨 있다는 사실에 경도되었다. 우키요에 색채의 거친 화사함이 그를 들뜨게 만들었다. 그 파격적 아름다움은 어둠과 침울함에서 벗어나도록 새로운 가능성을 보여 주었다. 파리에 오기 전 빈센트는 〈감자를 먹는 사람들〉 같은 암울한 작품을 그렸지만, 우키요에의 영향으로 그의 그림은 차츰 밝아지고 화사해지고 대담해지기 시작했다. 원색의 색채, 대담한 형태와 같은 표현법은 우키요에를 벤치마킹한 덕분이었다.

빈센트는 화가로서의 입지를 다지기에도 급급하던 1887년 3월에 탱부랭카페에서 자신이 수집한 우키요에를 전시하기도 했다. 당시 전시 기획자 겸 컬렉터로서 이런 전시를 꾸밀 수 있었던 것은 그가 구필화랑의 화상 출신이었기 때문이다. 그뿐만 아니라 우키요에가 대중적인 예술을 창조하고자 헌신하는 예술가 공동체에 의해 제작되었다는 믿음도 그로 하여금 전시를 더욱 밀어붙이게 했다.

우키요에 전시의 가장 큰 수혜자는 빈센트였다. 그는 우타가와 히로시게 같은 유명 판화가의 우키요에를 모사했다. 파격적인 각도의 히로시게의 다리 그림은 빈센트의 아스니에르 철교 그림에서 재현되었다. 빈센트 역시 다른 인상주의 화가들처럼 우키요에의 가장 혁신적인 방법론을 인용하고 실험했다. 즉 원색을 사용한 단순하고 선명한 색조와 윤곽선과 평면적인 구성 기법은 그의 그림을 명쾌하게 보이도록 만들었다. 이런 기법상의 변화만 보면 그는 이전의 고뇌에서 벗어난 듯 보였다. 밀레의 전시회를 보고도 더 이상 예전처럼 감동하지 않았다. 이렇듯 적어도 파리 시절에는 우키요에의 지대한 영향으로 화려한 색채나 단순한 구도에 더 집착했다.

일본과 우키요에에 대한 빈센트의 사랑은 단순히 일본 문화에 대한 찬양으로만 설명할 수 없다. 낭만적 예술가의 전형인 빈센트에게는 지금의 척박한 현실의 땅이 아닌 새로운 이상향이 필요했다. 그때 일본은 멋진 것, 훌륭한 것, 이상적인 것과 동일시되는 가

〈비가 쏟아지는 다리〉

런던만국박람회와 파리만국박람회를 계기로 일본 미술과 문화가 서양에 본격적으로 소개되면서 유럽의 예술가들이 많은 관심을 보였다. 반 고흐 역시 우키요에의 독특한 구도와 색채와 질감에 매료되어 직접 모사하기까지 했다. 이 작품은 반 고흐가 우타가와 히로시게의 작품을 모사한 것이다. 캔버스에 유채, 54×73센티미터, 1887, 반고흐미술관, 암스테르담.

장 완벽한 대상이었다. 그러니 실제 일본과는 상관없는 것이다. 일본은 그저 빈센트가 추구하고 싶은 가장 먼 곳이자 미지의 세계였던 셈이다. 그리고 모든 것에 끝이 있듯이 일본과 우키요에에 대한 그의 사랑도 짧은 연애처럼 막을 내렸다. 그가 찬양하던 일본으로 착각한 아를, 그곳에서 고갱과의 동거가 파국으로 끝나고 공동체의 이상이 결렬되자 비센트는 더 이상 일본도 우키요에에도 언급하지 않았다.

인상주의자들이 사랑한 우키요에

화가들은 우키요에 덕분에 원근법이라는 서양미술의 오랜 규범을 파괴하게 되었다. 특히 인상주의자들은 자신들이 그림을 그리는 데 너무나 원칙주의자였다는 사실을 자각하게 되었다. 다시 말해 우키요에는 서양미술의 원칙, 즉 화면의 중심에 꼭 인물이 있어야 한다는 생각, 명암 구분을 사실적으로 묘사하려는 생각, 그림의 중심이 되는 대상을 그릴 때 그 전체를 담아야 한다는 생각 등에서 벗어날 수 있게 해 주었다.

또한 우키요에가 인간을 압도하는 자연의 모습을 담고 있다는 점, 현란한 색채와 확고한 윤곽선과 날렵한 선묘로 구성된 평면적인 화면이 사물을 꼼꼼하게 묘사하지 않았음에도 경쾌하고 선명하다는 점, 역원근법을 비롯해 인물이나 사물을 엉뚱한 각도(예컨대 새의 눈으로 바라보는 조감법이라든지, 아래에서 위로 바라보는 고원법 등)로 포착해서 그려 냈다는 점 등에 깊이 매료되었다.

서유럽에서 자포니슴의 바람은 1910~1920년 사이에 사라져 갔다. 이는 자포니슴이 장 오귀스트 도미니크 앵그르와 들라크루아의 동방취미처럼 그저 동양에 대한 취향의 하나로 일시적인 유행에 그쳤음을 말해 준다. 자포니슴의 소멸은 그 역할이 끝났음을 의미하는데, 서구 세계에서 미지의 세계를 대변하는 신비로운 타자이던 일본이 이웃 나라를 무참히 짓밟는 나라라는 사실이 알려지게 된 것과도 관련이 있다. 더 이상 일본은 신비한 유토피아로서의 환상을 유지할 수 없게 된 것이다.

〈일본 여인〉. 클로드 모네가 1876년에 열린 제2회 인상주의 전시회에 출품하기 위해 그린 것이다. 그림 속 모델은 모네의 첫 번째 아내인 카미유다. 캔버스에 유채, 142.3×231.8센티미터, 1876, 순수미술박물관, 보스턴.

공동체와
유토피아

나의 사랑하는 친구 베르나르, 내가 말한 협조란 두세 명의 화가가
같은 그림을 그려야 한다는 뜻은 아닐세. 서로 다르게 그리면서도
서로 보완하자는 것이지. (…) 화가들은 물질적 어려움이 있으니
서로 협조하고 뭉치는 게 바람직해. 서로 싸우는 대신 물질적 생존을
보장함으로써, 친구처럼 서로 사랑함으로써 화가들은 더 행복해질 것이네.
여하튼 덜 이상하고, 덜 어리석으며, 덜 나쁘게 되지 않겠나.

— 빈센트 반 고흐, 『세상에서 가장 아름다운 편지』 중

화가 공동체라는 이상을 찾아서

빈센트는 1886년에 남프랑스로 가겠다고 말했지만 그가 아를에 도착한 것은 1888년 2월 20일로 그의 나이 서른다섯 살이 되던해였다. 이후 그는 1889년 5월 3일까지 1년 하고도 두 달 반 동안 아를에서 살면서 200점 이상의 유화와 100점 이상의 이상의 수채와 소묘를 그렸다.

나 역시 오랫동안 남프랑스를 꿈꾸었다. 그곳이 무슨 유토피아라도 되는 양 동경심을 자극했던 것이다. 빈센트라는 유명 화가가 아를을 이상향으로 낙점한 것처럼 나를 비롯한 많은 사람들은 남프랑스의 여러 도시로 향하는 낭만적인 여행을 상상하고는 한다. 이렇듯 욕망은 스스로 자라나는 것이 아니라 반드시 무엇인가에 의해 매개되기 마련이다.

아를로 가기 위해 나는 우선 아비뇽으로 갔다. 아비뇽은 아를을 가기 위한 거점 도시로도 알려져 있다. 1309년에서 1377년까지 이어진 아비뇽유수로 교황청이 잠시 존재했던 곳이고, 매년 7월이면 국제 연극제인 아비뇽페스티벌이 열리는 매력적인 도시이기 때문에 우선 아비뇽에 머물기로 한 것이다. 아비뇽에서 아를까지는 기차로 20분이 걸린다.

아를은 생각보다 너무 평범하고 한가했다. 9월 말인데도 햇빛은 그야말로 찬란했다. 내가 본 남프랑스 중 최고의 밝음을 자랑하는 곳이었다. 눈부신 아를이었다. 빈센트도 이 햇빛을 온몸으로 받으며 북유럽의 칙칙한 공기를 떨쳐 냈을 것이다. 아를은 프랑스 남부 프로방스알프코트다쥐르주에 위치한, 유네스코세계문화유산에 등재된 역사적 도시다. 지리적으로는 론강 하류를 끼고 있으며, 삼각주를 형성하는 카마르그 평원에 위치해 있다. 로마인들은 이곳을 아렐라테Arelate라고 이름 지었는데, '늪지 속의 마을'이라는 뜻이다.

'갈리아의 로마'라고 불릴 만큼 고대 로마의 번성한 도시였던 아를은 율리우스 카이사르가 폼페이를 도와 마르세유를 침략한 뒤 점령한 기원전 49년부터 발전하기 시작했다. 1세기 말에는 이미 2만 석 규모의 원형경기장과 1만 2000석 규모의 극장을 건설했고, 콘스탄티누스 1세 시기에는 목욕탕 같은 건축물은 물론 로마 시대 공동묘지인 알리스캉 등이 조성되었다. 329년, 콘스탄티노플로 천도한 이후 아를은 로마제국 제3의 도시로 불릴 만큼 번성했다. 735년부터 4년간 아랍인의 지배를 받았으며, 855년부터 사실상 독립 왕국인 아를 왕국의 수도가 되었다. 하지만 9세기에 바이킹과 사라센 해적의 침공을 받으며 쇠퇴했고, 이로써 프로방

아를

고대 로마 시대에 번성했던 아를에는 지금도 그 유적이 곳곳에 많이 남아 있다. 1888년 2월, 화가들의 천국을 건설하겠다는 꿈을 품고 밝은 빛과 아름다운 자연이 있는 이곳에 도착한 반 고흐는 고대 원형 극장에서 멀지 않은 곳에 방을 빌렸다. 3개월 뒤에는 라마르틴광장에 있는 작고 노란 집을 빌려 이사했다. 그리고 동료 화가들에게 그 꿈의 실현에 동참할 것을 제안했다.

스의 중심지는 마르세유로 옮겨졌다.

16세기에 배수로가 만들어지기 전 아를은 주변의 늪지 속에서 섬처럼 위치해 있었다. 1850년에 철도가 놓이면서 공장이 들어서고 군대가 주둔하기 시작하자 노동자와 군인을 뒤따라 창녀들이 모여들면서 사창가가 번성했다. 빈센트와 고갱이 자주 방문했을 사창가는 지금은 사라지고 없지만.

빈센트가 파리를 떠나 아를로 오게 된 결정적인 이유는 무엇일까? 시적인 이유에서부터 진부한 이유까지 여러 가지가 있다. 북쪽 출신의 사람답게 빛과 태양을 찾아서, 파리의 추위와 소음을 피하기 위해, 파리 사람들의 냉정함과 동료 화가들의 끝없는 경쟁과 당파성이 싫어서, 신경쇠약과 우울증 때문에 휴식이 필요해서, 돈 걱정을 덜해도 되는 건강한 시골 생활을 위해, 그림 구매자가 원하는 주제를 찾기 위한 사업적 모험을 위해, 새로운 예술적 탐색을 위해서라고 말이다.

빈센트가 파리를 떠날 즈음 사실 그는 알코올에 빠져 있었다. 거의 알코올중독자 수준이었으며, 매춘의 쾌락과 매독의 위험에도 빠져 있었다. 테오도 이전처럼 형을 말리기는커녕 전위적인 유행을 퍼트리는 트렌드 세터로서의 새 역할에 사로잡혀 있었다. 그러면서도 자신이 타락할까 봐 두려워했고, 형에게 더욱더 애착하며 의존했다. 빈센트는 자신이 파리에 계속 머물렀다가는 예술도 일상도 형제 관계도 파탄 날지도 모른다고 느꼈다. 게다가 그는 여전히 새로운 트렌드를 위한 어떤 대형 그룹전에도, 영향력 있는 화상들의 전시에도 초대받지 못했다. 빈센트의 전략적인 행동과 테오의 연줄로도 단 한 작품도 판매하지 못했던 것이다. 이 모든 상황이 빈센트를 남프랑스로 향하게 했다.

그렇지만 빈센트는 자신이 아를로 떠난 이유를 보다 드높은 예술을 위한 것이라고 강조했다. 늘 추구해 오던 화가 공동체라는 꿈을 실현하기 위해서라고 말이다. 사실 당대 화가들 사이에서는 파리를 떠나는 것이 유행이었다. 그들은 파리에서 멀리 떨어진 그림 같은 장소를 여행했다. 클로드 모네는 앙티브로, 베르나르와 폴 시냐크와 카미유 피사로는 노르망디나 브르타뉴로 갔다. 고갱도 브르타뉴, 파나마, 서인도제도, 마르티니크, 타히티로 떠났다. 게다가 프로방스에는 빈센트가 좋아하는 화가인 몽티셀리와 세잔이 머물고 있었다.

이처럼 빈센트가 꿈꾼 화가 공동체는 그가 창안해 낸 개념은 아니다. 이미 선배 화가들이 특정 지역을 중심으로 형제애처럼 공동체를 형성해 창작에 열을 올리고 있었다. 밀레와 루소가 주축이 된 바르비종파는 바르비종이라는 마을에서, 고갱의 나비파는 퐁타벤을 중심으로 말이다. 다시 말해 원시적이거나 동양적이거나 환상적인 파라다이스를 추구하는 화가들의 꿈이 공동체의 형식으로 빛을 발하던 시기였다. 빈센트는 화가 공동체의 꿈을 실현하고자 베르나르, 로트레크 등 여러 동료 화가들에게 아를로 올 것을 제안했다. 화가의 천국을 프로방스에 세우겠다는 꿈을 함께 실현해 보지 않겠느냐고 호소했다.

빈센트는 늘 화가 공동체를 꿈꾸었다. 길드에 소속되어 서로 친구처럼 아낀 중세 화가들, 서로를 보완해 준 황금기의 네덜란드

몽마주르수도원에서 내려다본 아를 전경

반 고흐는 아를 인근에 있는 몽마주르수도원의 유적지를 적어도 50번은 다녀왔다고 했다.
10세기에 세워진 이 수도원은 한때 성지순례지로 유명했지만, 반 고흐 당시에는 많이 쇠락해
있었다. 화가는 그림 도구를 짊어지고 순례하듯이 그곳을 자주 찾았다. 그는 수도원이 자리
한 언덕에서 내려다보이는 아를 전경에 깊이 심취했고, 그것을 화폭에 담았다.

화가들, 숭고한 공동체를 형성해 형제애가 돈독했던 바르비종파 같은 공동체는 그의 이상향이었다. 그는 잃어버린 낙원에 대한 꿈 위에 예술적 형제애에 관한 인기 있는 신화, 즉 일본 불교의 선승 신화를 겹쳐 놓았다.

아를의 봄

빈센트가 파리에 머물던 시절은 일본 판화가 수많은 유럽 화가들에게 새로운 영감을 주던 때였다. 화려한 몽마르트르 대신 클리시가의 이름을 따서 자주 모이던 화가들이 있었다. 프티블바르파 petit boulevard(작은 거리의 화가들)라 불리던 이 그룹에서 빈센트는 일본 판화에서 영감을 받아 매우 단순화된 형태와 원색적인 색채를 구사하던 이들과 교류했다. 그들은 일본의 햇빛처럼 밝고 맑은 남부의 햇빛 아래에서 작업을 해야 한다고 생각했다. 빈센트도 일본 판화만의 독특하고 대담한 특징이 그 나라가 가진 밝은 빛의 세계에서 온다고 여겼다. 그는 일본 미술을 공부하면 반드시 더 행복해지고 쾌활해진다고 믿었다.

왜 빈센트는 뜬금없이 남프랑스의 수많은 도시들 중에서 한 번도 가 보지 못한 아를로 결정했을까? 몇 가지 단서를 통해 상상해 볼 수 있다. 먼저 아를은 남쪽 도시들 중 네덜란드와 가장 흡사하다고 생각했던 것. 아를 주변의 평원은 개척지여서 네덜란드의 풍경화를 떠올리게 했기 때문이다. 아를에 도착하자마자 흥분한 빈센트는 일본 판화에서 본 풍경 같은 이미지를 찾으려 했다. 그러나 아를과 일본의 유사성은 전혀 없었다. 완전한 착각이었다. 사실 아를은 해안 지역도 아니고 특별히 그림처럼 아름다운 곳도 아니었다. 오히려 당대 사람들은 아를을 천박하다고 생각했다. 그곳이 주목받았던 이유는 아주 잠시 동안 로마제국의 수도로서 전성기를 누렸기 때문이다. 그럼에도 빈센트는 남프랑스에서 '완벽한 일본'을 발견했다고 주장했다. 그는 고갱과 베르나르에게 바로 눈앞에 일본이 있다고, 그저 자기 앞에 있는 것을 그리기만 하면 된다고 과장했다.

물론 아를의 봄은 빈센트를 진정으로 매료시켰다. 사과나무, 배나무, 복숭아나무, 자두나무가 동시에 꽃망울을 터트렸고, 산과 들과 울타리에는 장미꽃, 제비꽃, 붓꽃이 싹을 틔웠다. 북쪽에서는 한 번도 본 적 없는 화사한 봄은 풍부한 이미지를 제공했다. 그는 인상주의적 색조를 더욱 강화해 순색의 격렬한 색조를 구사하기 시작했다. 특히 풍경화의 배경을 노란색으로 칠했다.

그러나 자연의 아름다움을 빼면 아를은 빈센트의 생각과 달랐다. 그는 아를에 온 지 얼마 되지 않아 다시 마르세유 같은 프로방스의 다른 지역으로 떠날까 하고 생각했다. 이웃과의 갈등에서 오는 긴장 때문이었다. 그는 아를이 아직도 정이 남아 있는 시골이라고 생각했지만, 그곳 사람들은 도시인처럼 닳고 닳은 타락한 인간이라는 사실을 알아 버렸다. 그는 외지인에게 바가지를 씌우는 상인이나 포주와 싸웠고, 물감과 캔버스를 대 주던 장사꾼과도 싸웠으며, 파리로 보내는 소포와 운임 때문에 우체국 직원과도 싸웠

〈아를의 정원〉

아를의 화사한 봄은 반 고흐를 진정으로 매료시켰다. 파리 시절부터 시도한 그의 인상주의적 색채는 아를에 와서 완연히 무르익었다. 캔버스에 유채, 91×72센티미터, 1888, 덴하흐미술관, 덴하흐.

다. 예민한 위장을 위한 음식을 만들어 주지 않는다는 이유로 식당 주인과 싸웠고, 여지없이 그를 조롱하는 10대 아이들과도 싸웠다. 호텔 주인과는 난방과 관리비 문제, 불량한 화장실 상태, 포도주 맛 같은 사소한 이유로 싸움질을 해 댔다. 테오에게 보낸 편지에서 빈센트는 그들을 따분한 사람, 놈팽이, 건달, 비열한 욕심쟁이라고 비난과 불평을 쏟아 냈다.

빈센트는 남프랑스에서 모험을 시작한 지 두 달 만에 또 다른 실패를 향해서 가고 있음을 느꼈다. 그러고는 과거에 그랬던 것처럼 자신의 불행을 곱씹었다. 이런 외로움과 우울 속에서 빈센트가 찾을 곳은 단 하나. 위기 때마다 그랬듯이 예술을 통한 구원의 가능성에 매달렸다. 예술만이 자신을 위로하고 좀 더 높은 차원의 세계로 이끈다고 생각했다.

고갱을 초대하다

빈센트가 아를에 가장 초대하고 싶었던 사람은 누구일까? 흔히 고갱으로 알고 있지만 사실은 동생 테오였다. 빈센트는 테오에게 구필화랑을 그만두고 자기와 함께 아를에서 살자고 했다. 그럴 수 없다면 최소 1년 동안만이라도 휴가를 내라고 요구했다. 그러나 병과 직업 때문에 일시적으로 테오를 배제하고 나자 가장 만만한 열아홉 살의 젊은 화가인 베르나르를 떠올렸다. 빈센트는 자포니슴에 흘딱 빠져 있던 베르나르에게 일본 판화에서 볼 수 있는 이상적인 풍경을 아를에서 볼 수 있다면서 함께 살자고 부추겼다. 베르나르가 거절하자 빈센트는 로트레크를 비롯해 별로 친하지도 않은 동료 화가들에게까지 편지를 써 가며 화가 공동체를 결성하자고 제안했다. 그러나 아무도 응하지 않았다. 오로지 고갱만이 가능성을 비추는 답변을 해 왔다.

빈센트는 고갱을 어떻게 알게 된 것일까? 파리 시절인 1886년, 빈센트와 젊은 화가들이 프티불바르파 전시회를 열었을 때 고갱은 빈센트에게 강력한 인상을 남겼다. 당시 고갱은 서른아홉 살, 빈센트는 서른네 살이었다. 두 사람은 기묘한 아우라를 공유했다. 빈센트는 열대 지방의 강렬한 색채와 관능미를 담은 그림을 그리던 고갱의 거침없는 말투에 단박에 매료되었다. 게다가 자신의 삶과 비교되는 고갱의 위험천만한 여행과 화려한 여성 편력담은 더욱더 빈센트를 자극했다. 작은 키에 펜싱과 권투로 다져진 다부진 체격, 특이한 억양, 화려한 의상, 수상쩍은 재원, 불확실한 혈통은 고갱이라는 존재의 수수께끼를 배가시켰다.

고갱은 냉소적이다가 시무룩해졌고, 싹싹하고 사교적이다가도 불량하고 호전적으로 돌변했다. 반짝이는 눈에는 신사다움과 온정과 조소 어린 경멸과 관능성이 동시에 존재했다. 고갱은 관습이나 평판에 구애받지 않았고, 개방적이면서 신비롭고 세련되면서 위험한 사람이었다. 한마디로 사회가 부과하는 한계 바깥에 있는 존재였다.

그래서인지 고갱만큼 호불호가 엇갈린 화가도 드물다. 그는 첫 만남에서 호감을 주고는 했다. 그러나 파리의 많은 화가들은 그를 미심쩍어했고, 그에 대해 적대적이기까지 했다. 피사로는 고갱이 다른 화가들의 아이디어를 훔친다고 비난했으며, 나비파의 젊은 화가인 폴 세뤼지에는 그가 사기성이 농후하고 잔인하다고 생각했다. 반면 샤를 라발은 고갱을 지옥에라도 따라갈 만큼 흠모했다. 드가 역시 고갱의 매력에 굴복할 수밖에 없다고 토로했다. 고갱을 두려워하던 퐁타벤의 화가들마저 그의 수수께끼 같은 과묵함 때문에 마치 미술계의 모든 비밀을 밝혀 줄 열쇠를 쥔 존재처럼 보였다고 했다. 특히 세상 물정 모르는 순진한 화가들은 고갱의 전력, 즉 돈이나 사업 문제에 민감한 직업인 증권거래소의 중개인이었다는 사실에 매료되었다. 또한 성을 초월해 살아가는 듯한 면모에 남자와 여자 모두 매혹되었다. 이처럼 고갱은 복잡한 성격의 소유자로, 문명에 물들지 않은 야만적인 동시에 산전수전을 겪고 세정 물정에 밝은 교활한 사람이라는 양가적 이미지를 가지고 있었다. 사람들은 그를 광대, 음유시인, 해적, 고귀한 야만인 등 여러 가지 다양한 이미지를 가지고 있다고 평가했다.

빈센트 역시 이러한 고갱만이 오로지 자신의 처지를 개선해 주고, 화가 공동체라는 환상을 구현할 유일한 사람이라고 확신하기에 이르렀다. 사실 여기에는 두 사람 간 모종의 비즈니스적인 타협이 있었다. 동생에 빚지고 있던 빈센트는 고갱과 손을 잡으면 다른 전위 화가들을 자극해 형제의 사업을 강력한 입지에 올려놓을 것이라고 상상했다. 고갱의 상승기류를 타고 자신의 작품 또한 팔리게 될 것이라고 생각했던 것이다. 여하튼 고갱을 확보하면 손해를 볼 리가 없다는, 나름대로 이재를 밝힌 과감한 예측이었다.

<u>〈고갱의 초상〉</u>

반 고흐가 그린 고갱의 뒷모습이다. 어떤 이들은 고갱을 수상하게 여겼고, 어떤 이들은 그의
기묘한 매력에 굴복했다. 반 고흐가 하필 고갱의 뒷모습을 그린 것은 그러한 수수께끼 같은 면
모를 나타내고자 한 것일까? 삼베에 유채, 33×37센티미터, 1888, 반고흐미술관, 암스테르담.

무엇보다 빈센트는 고갱이 자신이 주력하고 싶은 초상화를 그리는 데 유리한 조건을 제공해 줄 것이라고 믿었다. 남태평양 섬의 원주민과 브르타뉴의 농부를 길들인 고갱이라면 모델 구하는 어려움 정도는 간단하게 해소해 줄 것이고 생각했다. 그러니까 빈센트를 꺼리던 모델들을 유혹해 노란 집으로 오게 만들 것만 같았다. 사실 빈센트는 값싼 창녀조차 침대 혹은 작업실로 끌어들이는 데 애를 먹었다. 문제는 돈이 아니라는 말이다.

빈센트는 초대의 편지 곳곳에 고갱에게 화창한 날씨와 아름다운 여인으로 가득한 사창가에 대한 암시를 덧붙였다. 또한 고갱의 작품에 대해 칭찬하고, 건강 회복에 대해서도 약속했다. 자신이 남프랑스에 와서 손이 민첩해지고, 시선이 기민해지며, 머리는 맑아지는 등 예술가에게 필수적인 감각이 아주 예민해진다고 주장했다. 진정한 인상주의자라면 절대 포기할 수 없는 밝고 투명한 빛과 다채로운 색채가 충만한 곳이라고, 화가가 캔버스에 포착해 주기만을 기다리는 근사하고 참신한 땅이라고 언급했다. 얼마나 감동적으로 표현했는지 마치 혁명적인 웅변과 예언자적 망상과도 같았다. 고갱은 우선 아를에 오라는 빈센트의 초대가 감동적이었음을 고백하고 자신 또한 예술적 동지애의 화려한 이미지를 제시했다.

그러나 고갱의 속마음은 달랐다. 그에게 유토피아란 대부분 돈과 관련된 것이었다. 물질적 야망을 지닌 전직 주식 중개인인 그에게는 부양할 여섯 식구와 까다로운 아내가 있었다. 그는 테오와 할 수 있는 또 다른 원대한 사업적 계획을 세워야만 했다. 예컨대 엄청난 기금을 모아 인상파 전문 화랑을 만들자고 제안했다. 빈센트는 고갱의 제안이 터무니없다며 철회하라고 요구했다. 자기 형제들의 사업에 관여하면 안 된다고 역정을 냈다. 궁지에 몰린 고갱은 마침내 제안을 철회하면서 아를로 오겠다는 긍정적 답변을 보냈다. 그렇지만 여전히 고갱은 출발을 늦추며 아를행에 대해 형제가 줄 이익을 끊임없이 저울질하면서 교묘하게 처신했다.

꿈의 아지트 노란 집

아를에 가게 된다면 가장 보고 싶었던 곳이 반 고흐가 머물렀던 노란 집이었다. 아를을 생각하면 언제나 나는 반 고흐가 드나들던 카페보다 노란 집을 가 보고 싶었다. 작가의 작업실이 훨씬 호기심을 자극했던 탓이다. 게다가 노란 집에서 탄생한 빈센트의 걸작은 또 얼마나 뭉클한 것인가. 제일 보고 싶은 것은 제일 나중에 보려고 남겨 둔 채 해거름이 질 때까지 강둑을 걷고 또 걷다가 도착했다. 이미 그곳이 존재하지 않는다는 것을 알았지만 노란 집에 대한 노스텔지어는 포기할 수 없었다. 나는 흔적조차 없는 그곳에서 절망했고, 빨리 아를을 떠나고 싶어졌다. 이미 아를을 다 돌아보았으니 미련 없이, 아니 내내 아쉬운 마음을 품고 아비뇽행 기차에 올랐다. 빈센트처럼 오래 머물지 못한 이런 여행에 대한 자책과 자괴감이 드는 순간이었다.

이처럼 아를에서 빈센트의 발자취를 찾는 것은 너무 어려운 일이었다. 고향을 떠난 뒤 북유럽의 어떤 도시보다도 오래 머물렀고 수많은 대표작을 탄생시킨 곳이지만, 빈센트의 흔적은 가장 적게 남아 있는 도시였다. 다행히 반고흐재단에서 운영하는 미술관은 아를 시절의 빈센트를 추억하게 하는 장소였다. 2014년에 개관한 이 미술관은 빈센트의 작품에 자주 등장한 론강과 카페를 지나 오래된 건물 사이를 걷다 보면 도착하게 되는 모던한 건물이다. 오래된 호텔을 인수하여 리모델링을 한 뒤 빈센트의 작품과 편지 등을 전시해 놓았다.

주지하는 바와 같이 겨울의 끝자락에 아를에 도착한 빈센트는 라마르틴광장에서 북쪽 입구를 거쳐 카발르리가에 있는 카렐식당에 짐을 풀었다. 그는 이곳에서 3개월을 지낸 뒤 5월에는 라마르틴가에 있는 작은 노란 집을 월 15프랑에 임대했다. 빈센트가 빌린 네 개의 방은 라마르틴광장의 북동쪽 모퉁이에 있는 건물 반쪽의 두 개 층을 차지했다. 오랫동안 세든 사람이 없어서 방치된 그 방들은 시끄럽고 더럽고 무더위에 노출된 곳이었다.

빈센트의 그림에도 등장하는 라마르틴광장은 아를 북쪽 구도시의 담장과 기차역 사이에 있는 세모진 공원이다. 아를역에서 왼쪽으로 2~3분 걸어가면 라마르틴광장이 나온다. 광장 안 중앙 분수대 옆에는 비센트가 그린 〈노란 집〉의 표지판이 있다. 노란 집은 제2차 세계대전 때 미국의 폭격으로 파괴되어 사라졌다. 그뿐만 아니라 그가 자주 간 카페, 첫 번째로 투숙한 호텔, 종종 들르던 매춘업소까지 완전히 지도에서 지워지고 말았다.

당시 빈센트가 빌린 노란 집은 꿈속에 그리던 집과는 거리가 멀

반 고흐의 노란 집이 있었던 자리

반 고흐는 아를에서 이상적 공동체를 꿈꾸며 200여 점의 그림을 남겼음에도 오늘날 여기서 그의 흔적을 찾는 것은 쉬운 일이 아니다. 그 유명한 노란 집도 제2차 세계대전 때 파괴되어 사라진 지 오래되었다. 현재는 라마르틴광장 안 중앙 분수대 옆에 반 고흐가 그린 〈노란 집〉 표지판만이 세워져 있다.

었다. 한 달에 15프랑이라는 놀라운 가격에도 오랫동안 누군가 세들어 산 적이 없었다. 노란색 치장 회반죽이 칠해진 외관은 탈색되었고, 초록색 덧문은 잿빛으로 퇴색되어 있었다. 공원과 마주한 쌍둥이 박공지붕은 서로 다른 두 반쪽을 가려 주었다. 왼쪽은 깊숙하고 널찍한 공간으로 식품점이 들어서 있었고, 얄고 비좁은 오른쪽 공간이 빈센트가 빌린 곳이다. 오른쪽은 몽마주르대로의 소음과 먼지에 시달렸다. 그 대로는 건물의 동쪽 면을 달리는 큰길이었다. 부엌을 제외한 모든 방이 남향이었지만 바람은 통하지 않았다. 특히 위층은 여름에는 숨 막힐 듯 덥고, 겨울에는 견딜 수 없이 추웠다. 불이나 가스, 전기도 없었고, 화장실도 없었다. 주변 환경도 매한가지였다. 바로 옆 호텔과 카페는 난봉꾼과 주정꾼, 사창가의 호객 행위와 성매매, 여행객으로 시끄러웠다. 오랫동안 방치와 기물 파손 행위에 희생당한 건물이었다.

빈센트는 노란 집이 남프랑스의 색채를 찾아온 화가들에게 마법 같은 성지가 될 것이라고 굳게 믿었다. 그의 이러한 상상은 그림을 통해 완성되었다. 가로 90센티미터, 세로 60센티미터가 넘는 대형 캔버스에, 라마르틴광장 2번지에 있는 변변찮은 건물을 기념비적인 노란색 건축물로 바꾸어 그렸다.

빈센트는 돈을 아껴 써야만 하는 자신의 처지를 무시하고 노란 집의 인테리어를 위해 돈과 시간을 할애했다. 빈센트는 고갱을 만족시키기 위해 버려진 낡은 집에 활기를 불어넣어야 한다고 생각했고, 실내 장식과 가구에 큰돈을 들였다. 그는 잡지에서 본 일본식 공간을 만들고 싶어 했지만 쉽지 않은 일이었다. 재빨리 계획을 수정해서 방들을 가구로 채웠다. 침대와 매트리스, 거울, 화장대, 서랍장, 의자 등 가구를 마구 사들였다. 앞쪽 큰 방은 고갱이, 부엌이 딸린 방은 자신이 쓸 생각이었다. 현관 양쪽에 둘 협죽도 화분도 두 개 샀다.

빵을 사 먹을 돈도 없이 궁색해진 빈센트는 동생에게는 내내 자금이 부족하다고 하소연했다. 테오가 걱정하자 빈센트는 이런 정도의 사치는 불가피하다고 스스로 변호했다. 융자로 받은 300프랑까지 다 써 버리자 빈센트는 빚이 곧 저축이라며, 그런 공간이 건강을 회복시켜 주고 한결 자유롭게 작업하는 데 도움을 주기 때문에 결국에는 큰돈이 되어 돌아올 테니 걱정하지 말라며 안심시켰다.

드디어 고갱이 온다는 소식을 들은 빈센트는 그가 아를을 좋아하지 않으면 어쩌나 하는 걱정으로 속이 탔다. 그런 걱정으로 인한 긴장감은 몸이 아플 지경으로 극에 달했다. 퐁타벤에 있던 고갱은 불화로 인해 추종자들이 모두 떠나고 돈이 완전히 바닥난 상태였다. 그때 테오는 도자기 몇 점을 구입해 주고 고갱이 퐁타벤에서 그린 그림을 전시해 주겠다고 제안했다. 마지막으로 유인책으로 50프랑을 주고 나서야 고갱은 미루고 미루던 아를행을 마침내 실행에 옮겼다.

해바라기와 협죽도가 있는 방

고갱은 마지막까지 마음에 흔들렸던 탓에 언제 아를에 도착할

〈노란 집〉

반 고흐는 노란 집이 자신의 인생을 바꾸어 놓을 거점이 될 것이라 굳게 믿었다. 이에 아틀을
찾아올 예술가들에게 편안한 공간이 될 수 있기를 바라며 테오의 돈으로 노란 집의 인테리어

에 심혈을 기울였다. 가구를 마구 사들였고, 현관에 둘 협죽도 화분도 두 개 샀으며, 밝은 세계에 대한 오마주 같은 해바라기 연작을 그려 벽면을 장식했다. 캔버스에 유채, 91.5×72센티미터, 1888, 반고흐박물관, 암스테르담.

것이라는 통보를 빈센트에게 하지 못했다. 1888년 10월 23일, 새벽 5시쯤 아를에 도착한 고갱은 문을 연 근처의 드라가르카페로 들어가 날이 새기를 기다렸다. 그런데 카페 주인은 그를 알아보았다. 빈센트가 기대와 흥분 속에서 고갱의 자화상을 카페 주인에게 보여 준 적이 있었던 것이다.

빈센트는 우선 고갱을 이끌고 마을의 관광지와 아름답다고 소문난 아를의 여인들을 구경시켜 주었다. 그러나 고갱은 별로 흥미로워하지 않은 듯했다. 시내 관광을 마친 두 사람은 노란 집으로 들어왔고, 빈센트는 고갱이 기거할 방을 보여 주었다. 방은 크지 않았으나 정결했고, 흰색으로 새로 칠한 벽에는 빈센트의 작품 몇 점이 걸려 있었다. 고갱은 벽의 중앙에 걸려 있는 〈해바라기〉에 날카로운 시선을 보냈다. 그리고 감탄스러운 눈으로 빈센트를 바라보았다. 분명 눈을 뗄 수 없을 만큼 참신하고 매력적이라고 생각했다.

빈센트는 고갱의 방에 어떤 그림을 걸었을까? 세 점의 작품을 걸었던 것으로 보인다. 〈사이프러스나무 아래 산책하는 남녀〉, 〈시인의 정원〉과 그해 여름에 그린 〈해바라기〉가 그것이다. 빈센트 자신도 마치 조화로운 환영의 합창 같다고 느꼈다. 그리고 고갱이 이 방을 어떻게 생각할지에 대해 무척이나 신경 썼다.

빈센트는 8월 21일경 고갱에게서 남쪽으로 갈 준비를 하고 있다는 소식을 듣고 노란 집을 장식할 해바라기 연작을 그리기 시작했다. 그의 침실을 청록색 배경의 〈해바라기 열네 송이〉와 노란색 배경의 〈해바라기 열다섯 송이〉로 장식하려고 했다. 그리고 매번 테오에게 해바라기 그림 소식을 알렸다. 자신이 매일 아침 해가 뜰 때부터 해바라기 그림에 매달려 있다고, 꽃이 빨리 시들기 때문에 단번에 달려들어 끝내야 한다고 소식을 전했다. 해바라기 그림은 이렇듯 신속하고 거칠며 열정적인 붓질에 의해 탄생했다.

나는 캔버스 세 개를 작업하고 있어. 첫 번째는 초록색 화병 속의 커다란 해바라기 세 송이를 밝은 배경에 그린 15호 캔버스야. 두 번째도 세 송이인데, 그중 하나는 꽃잎이 떨어지고 씨만 남았고, 또 하나는 봉오리를 그린 푸른색 배경의 25호 캔버스야. 세 번째는 노란색 화병에 열두 송이의 꽃과 봉오리를 그린 30호 캔버스지. 따라서 마지막 것은 너무나 밝고 가장 멋진 그림이 될 거라고 기대하고 있어. 어쩌면 이것으로 끝내지 않을지 몰라. 고갱과 함께 살게 된다고 생각하니 아틀리에를 장식하고 싶어졌거든. 오직 커다란 해바라기로만 말이야. 네 가게 옆 레스토랑 문이 매우 아름다운 꽃으로 장식되어 있잖아. 나는 그곳 창문의 커다란 해바라기를 언제나 기억하고 있어. 이 계획을 실천하려면 열두 점 정도의 그림이 있어야 해. 그 모두는 파랑과 노랑의 심포니를 이룰 거야. 나는 아침 태양이 뜨자마자 그림을 그리고 있어. 왜냐하면 꽃은 빨리 시드니 단번에 그려야 하기 때문이야.

— 빈센트 반 고흐, 『세상에서 가장 아름다운 편지』 중

빈센트에게 해바라기는 어떤 의미일까? 직관적으로 태양, 즉 밝음에 세계에 대한 오마주라 할 수 있는 해바라기는 예수의 광배

〈협죽도가 있는 정물〉

반 고흐의 협죽도 그림은 해바라기 연작만큼이나 아름다운 정물로 꼽힌다. 녹색 잎과 주황색 꽃, 푸른색의 꽃병과 노란색의 책과 밝은 녹색의 배경 등의 색채 대비가 드라마틱하게 다가온다. 테이블 가장자리에 걸쳐 있는 책은 프랑스 작가들 중에서도 그가 특히 좋아한 에밀 졸라의 『삶의 기쁨』이다. 이 책은 그의 아버지가 갑작스럽게 세상을 떠난 뒤 그린 〈성서가 있는 정물화〉에도 등장한다. 캔버스에 유채, 73×60센티미터, 1888, 메트로폴리탄미술관, 뉴욕.

같다. 빈센트는 마치 이콘화가가 된 듯 후광을 그리면서 자신이 포기한 성직을 수행하는 것처럼 보인다. 또한 터져 나올 것 같은 노란색의 강렬하고 생생한 생명력으로 충만하지만, 곧 시들어 씨앗이 산산이 떨어지며 땅으로 돌아가는 해바라기의 양가성은, 소생의 빛과 소멸의 그림자가 강력하게 공존하는 『인간의 삶을 말해 준다.

빈센트는 또한 노란 집 현관에 두기 위해 협죽도 화분 두 개를 샀다. 〈협죽도가 있는 정물〉은 해바라기 이상으로 드라마틱한 정물화로 손꼽을 수 있다. 남프랑스의 눈부신 햇빛에서 사물이 얼마나 밝고 화사하게 보이는지를 몸소 깨달은 빈센트는 이 그림 속에 노란색, 붉은색, 밝은 녹색, 푸른색을 사용해 보색의 대비 효과를 나타내려 했다. 화면 중앙의 녹색 잎과 주황색 꽃은 서로 색채 대비를 이루고, 꽃병의 푸른색은 배경과 탁자의 책에 쓰인 노란색과 상생하며 더욱 도드라져 보인다. 구도상으로는 테이블과 꽃병을 약간 화면의 오른쪽에 치우도록 배치했지만 꽃 이파리를 왼쪽으로 뻗치게 배치함으로써 균형과 율동감을 동시에 부여했다. 이렇게 한쪽으로 쏠리는 구성과 이를 보완하는 긴장과 균형은 아를 시기의 정물화에 주로 나타난다.

테이블에 놓인 책은 빈센트가 아끼던 졸라의 『삶의 기쁨』이다. 흥미로운 것은 이 책 역시 빈센트의 심경과 상황을 반영하듯이 탁자 위 모서리에 아슬아슬하게 걸쳐 있다는 것. 꽃이 책을 향해 피어 있는 것을 보면 여전히 빈센트가 이 책에서 교훈을 얻고 있음을 보여 주는 것이 아닐까? 사실 그에게 협죽도는 자신의 광기 어린 생산력과 애정의 독성을 의미하는 상징물로 등장한다.

보통 사람들의 얼굴에 신성이 깃들어 있어

빈센트가 사로잡힌 것은 초상화였다. 그는 "인간이야말로 모든 것의 뿌리다. 인간의 얼굴이야말로 내 안에 있는 최고의 것, 가장 진지한 것의 표출이다"라고 말했다. 평생을 모델을 찾는 데 열중했던 그에게 초상화란 유일하게 사람을 소유하는 경험을 해 주는 장르였다. 그는 모델을 선정해 자세를 취하게 하는 등 그 자신이 주도적인 위치가 된다는 것에 매료되었다. 그는 개성 있는 모델을 구해 초상화를 그리는 것을 일생의 과제로 삼게 되었다.

그러나 그것은 녹록치 않은 일이었다. 모델들이 빈센트의 그림이 이상하고 화가도 괴상한 사람이라고 여겨 모델을 서 주지 않았기 때문이다. 빈센트는 100년 뒤를 살아가는 사람들에게 유령처럼 보일, 혼이 담긴 초상화를 그려 내고 싶다고 토로했다. 그는 상대가 누구든 상관없이 자신에게 흥미로운 사람이면 그리고 싶어 했다. 당시 인상주의는 인간 탐구를 포기하다시피 했고, 인물도 자연을 그릴 때처럼 순간적으로만 포착할 뿐이었다. 대부분의 초상화는 주문이나 강요에 의해 어떤 사람의 사회적 지위와 권력을 공식적이고 영웅적으로 보여 주기 위해 그려졌다. 하지만 빈센트는 주문화가 아닌 그저 한 사람의 생각과 영혼과 열정이 담긴 모습을 그리고 싶어 했다.

그런 빈센트는 들판의 농민이나 우체부와 카페의 주인 같은 평범한 사람들을 그렸다. 그는 인물들을 면밀하게 관찰해 개성을 포착했고, 그 자신의 명확한 확신에 의해 재현했다. 그렇게 탄생한 초상화는 아무런 허식이 없이 간결하고도 자연스러웠다. 보통 사람들에 대한 남다른 애정이 있었기에 가능한 것이었다. 빈센트는 보통 사람을 보통 사람으로 그리기 위해 과거의 초상화에서 신비롭거나 극적인 효과를 내기 위해 드리웠던 짙은 음영은 물론이고 부드러운 채색과 피부의 분장을 말끔히 제거하고 거친 질감으로 피부를 자유롭게 표현했다.

빈센트는 특히 아를 시절에 총 마흔여섯 점 정도의 초상화를 그렸다. 이 시절에 그가 가장 관심을 가지고 그렸던 사람은 우체부 조제프 룰랭과 지누 부인일 것이다. 여러 점 그렸다는 것은 그들이 매우 친밀한 사이였음을 증명한다. 빈센트라면 아무리 모델이 없어도 마음에 들지 않으면 안 그렸을 사람이니까.

빈센트는 룰랭과 그의 가족을 1888년 7월부터 룰랭이 마르세유로 전근을 가기 전인 이듬해 4월까지 그렸다. 비록 짧은 만남이지만 그들은 빈센트에게 행복한 가정의 모습이 어떤 것인지 보여주었다. 귀를 자른 사건으로 병원에 입원한 빈센트를 정성껏 보살펴 준 이들도 룰랭의 가족이었다.

룰랭은 아마 빈센트가 아를에서 가장 자주 본 타인이었을 것이다. 밥을 먹듯 편지를 써 댔으니 말이다. 어쩌면 영화 〈일포스티노〉의 주인공 시인 파블로 네루다와 우체부 마리오의 관계처럼 우정이 싹튼 것 같다. 빈센트는 룰랭과 같은 기질을 가진 사내를

〈우편배달부 조제프 룰랭의 초상〉
평범한 사람들의 얼굴에 관심이 많았던 반 고흐는 특히 아를 시절에 마흔여섯 점 정도의 초
상화를 그렸는데, 그중에서도 조제프 룰랭과 그의 가족을 단골로 그렸다. 반 고흐와 룰랭의
인연은 비록 짧았지만 순수하고 호탕한 데가 있던 룰랭은 화가에게 따뜻한 이웃이 되어 주었
다. 캔버스에 유채, 54×65센티미터, 1889, 크릴러뮐러미술관, 오테를로.

〈룰랭 부인의 초상〉

반 고흐는 룰랭보다도 그의 아내를 더 많이 그렸다. 그중 아이를 낳은 지 얼마 안 된 그녀가
요람을 흔드는 모습을 담은 초상을 여섯 점이나 남겼을 만큼 그녀의 모성적 이미지에 깊이 감
응했다. 캔버스에 오일, 73×92센티미터, 1889, 크뢸러뮐러미술관, 오테를로.

본 적이 없다며 그를 칭송했다. 특히 음성이 달콤하고 순수하고 감동적일 뿐만 아니라, 그것이 자기 내면의 가장 선하고 근원적인 어떤 것을 자극한다고 말했다.

룰랭의 초상화 중 가장 대표적인 작품은 제복을 입고 의자에 앉아 있는 모습을 그린 것이다. 모델을 서 본 적이 없어서 좀 딱딱해 보이는 룰랭은 술을 좋아한 사람이라 마흔일곱 살이었음에도 그보다 훨씬 늙어 보인다. 그림을 그릴 때가 한여름인지라 지독하게 더웠을 텐데도 정복과 모자를 갖추어 입고 모델을 섰다. 무척 고역이었으나 룰랭은 잘 따라 주었다. 빈센트는 깊은 심연을 느끼게 하는 푸른색 제복이야말로 이 그림의 핵심이라고 생각했다. 배경의 하늘색은 그 제복의 무거움 위로 떠다니는 호탕한 룰랭의 마음씨를 드러내 준다. 룰랭은 타협할 줄 모르는 사회주의자였고, 빈센트는 그 점이 아주 자신과 흡사하다고 여겼던 것 같다.

사실 빈센트는 룰랭보다 그의 부인을 더 많이 그렸다. 빈센트가 어머니를 그린 적이 단 한 번밖에 없는 것을 보면 룰랭 부인의 이미지는 아마도 어머니를 대체한 것이었을 가능성이 크다. 특히 빈센트는 아이를 낳은 지 얼마 안 되는 룰랭 부인이 요람을 흔드는 모습을 담은 초상화를 여섯 점이나 그렸는데, 아마 단일한 모티프로 그린 초상화 중에서는 가장 많이 그린 것으로 보인다. 그는 모성애를 환기시키는 룰랭 부인의 모습에서 근원적인 어머니상을 발견했다. 대모 혹은 지모신이 부르는 자장가!

빈센트는 테오에게 "사람들이 침이 마르도록 이야기하는 아를 여자들은 정말로 아름답다. 그들은 프라고나르나 르누아르가 그런 여자들 같아"라고 썼다. 빈센트에게 젊고 아름다운 여자를 그리는 것은 언감생심 어려운 일이었다. 그저 자신에게 호의적인 드라가르카페의 여주인인 지누 부인을 그리는 일은 비교적 손쉬웠을 것이다. 생레미의 요양원에서 지낼 때도 아를로 외출할 때 가장 만나고 싶어 한 사람은 지누 부인이었다. 부인도 자기처럼 우울증이 있었기 때문에 일종의 동병상련의 정을 느꼈던 것 같다.

어쨌거나 빈센트는 지누 부인을 대상으로 대여섯 점의 유화를 그렸다. 부인은 아마 40대 초반의 나이였을 텐데 그림 속 모습은 훨씬 더 늙어 보여 부인의 호감을 사기는 어려웠을 듯하다. 아마 빈센트가 포착한 것은 우울과 상실감으로 나이보다 노쇠해진, 그러나 신뢰할 만한 관대한 여인상이었을 것이다. 또 하나 흥미로운 사실은 그녀를 책 읽는 여자로 묘사한 것! 그녀 앞에는 『엉클 톰스 캐빈』과 『크리스마스 캐럴』이 놓여 있다. 그녀를 사랑하기에 그녀를 지성적인 여인으로 변모시켜 놓은 것이다. 그것이 바로 빈센트가 인간을 사랑하는 태도다.

빈센트는 보통 사람들의 모습에서 선함과 숭고와 같은 신성을 엿보는 것을 목표로 했다. 예수가 평범한 인간의 옷을 입고 비천한 곳에 내려와 빛을 던져 주었듯이 빈센트 역시 평범하다 못해 진부한 인물들을 그리면서 그들에게 예수의 광배 같은 아우라를 부여해 주고 싶어 했던 것 같다. 그렇게 빈센트의 눈과 손을 통해 비속한 인간들은 마치 다른 세상에 속한 것 같은 존재로 변모했다. 빈센트가 자신의 초상화가 초기 기독교인들과 유사해 보여야 한다고 강조한 것도 같은 맥락에서 이해해야 할 것이다. 그러니까

그는 궁극적으로 초상화를 통해서 오디너리 세인트Ordinary Saint, 즉 보통 사람의 모습에서 신을 발견하고자 한 것이었다. 초상화에 대한 빈센트의 욕망과 의지는 자신을 버린 인간을 다시 구원하는 동시에 스스로를 구원하는 일이었으리라.

〈아를의 여인〉

아를의 드라가르카페 주인인 지누 부인도 반 고흐가 그린 초상화의 단골 인물이었다. 화가는 그녀를 우울과 상실감에 젖어 있지만 관대한 여인으로 묘사했다. 이렇듯 반 고흐는 인물의 개성과 영혼을 포착하여 허식 없이 담아 내려 했다. 캔버스에 오일, 73.5×92.5센티미터, 1888, 오르세미술관, 파리.

파국으로 끝난
꿈의 공동체

고갱과 나는 들라크루아와 렘브란트 등에 대해 많이 이야기했어.
논쟁이 너무나도 격렬해서 우리는 머리가 피곤해져
마치 전류가 다 빠져나간 전지 꼴이 되었어. 마법에 걸린 것 같았지.
— 빈센트 반 고흐, 『세상에서 가장 아름다운 편지』 중

동상이몽

노란 집으로 이사를 온 뒤 빈센트는 어느 날 잡지에서 중세 이탈리아 작가인 조반니 보카치오에 대한 기사를 읽었다. 불현듯 자신은 보카치오와 비슷하고 고갱은 보카치오의 친구인 시인 페트라르카와 닮았다는 생각이 들었다. 빈센트는 보카치오와 페트라르카의 결합을 사랑을 초월한 우정으로 이상화했다. 몽매한 중세가 페트라르카와 보카치오의 결합으로 인문학에 눈뜬 것처럼 파리 미술계는 자신과 고갱의 연합이 낳은 미술에 깜짝 놀라게 될 것이라고 상상했다. 둘이 함께하면 새로운 예술의 르네상스가 가능하리라고 생각했다.

사실 두 사람의 동거는 우정의 연대에서 출발한 것이 아니었다. 이상적인 연대를 기획한 빈센트와는 달리 경제적 문제 같은 실리적 속셈을 가지고 있던 고갱은 두 달도 되지 않아 아를을 떠나고 싶어 했다. 고갱은 테오에게 자신과 빈센트가 기질이 너무 달

〈폴 고갱에게 바치는 자화상〉

1888년 9월, 반 고흐는 퐁타벤에 있던 고갱에게 초상화를 교환하자고 제안했다. 그것은 일본의 화가들이 그림을 교환하며 우정을 나누는 전통을 따라 한 것이다. 고갱이 먼저 〈레미제라블〉이라는 제목을 붙인 자화상을 반 고흐에게 보냈고, 이어 반 고흐가 이 자화상을 답례로 부쳤다. 그는 편지에서 자신을 일본 승려처럼 그렸다고 했다. 캔버스에 유채, 52×62센티미터, 1888, 포그미술관, 캠브리지.

라 마찰 없이 사는 것이 불가능하다고 말했다.

고갱은 지인들에게는 1년쯤 아를에 체류할 예정이라고 했지만, 빈센트는 그가 영원히 머물 것이라고 생각했다. 고갱은 자신이 테오와 빈센트에게 매수당했다고 느꼈다. 그는 아를에 도착한 지 몇 주 만에 탈출을 꿈꾸기 시작했다. 그러고는 남태평양으로 떠나기 위한 뱃삯을 모을 때까지만 아를에 머물기로 결심했다. 다행히도 테오의 화랑에서 고갱의 작품이 인기리에 팔리기 시작했다. 테오는 고갱의 작품을 수집가와 비평가에게 홍보했고, 덕분에 호평하는 이들이 늘어났다. 테오는 특유의 신중한 태도로 고갱을 설득했고, 고갱은 테오와의 비즈니스가 더 절실했으므로 떠나겠다는 마음을 잠시 접었다.

미술 공부를 본격적으로 한 적이 없는 빈센트와 고갱. 두 화가에게 배움은 도처에 깔려 있었다. 그들은 서로에게서 많은 것을 배웠다. 특히 빈센트가 고갱에게서 많은 것을 배웠다. 하지만 두 사람 사이에는 라이벌 의식도 있었다. 생각과 기질도 완전히 달랐다. 거만하고 매사에 자신감이 넘치던 고갱과 인간적이고 외로움에 찌든 빈센트는 2개월간 동거하면서 여러모로 많은 갈등을 빚을 수밖에 없었다. 그러다가 겨울이 되어 날씨가 추워지면서 좁은 실내에서만 머물게 되자 관계는 파국에 이르고 말았다.

사실 빈센트와 고갱 간에는 공통점보다는 차이점이 더 많았다. 예술가에게 공통점이 있다는 것은 불명예스러운 것으로 치부된다. 예술에서는 새로움과 낯섦이라는 모토가 기본적인 덕목이기 때문이다. 둘은 먼저 성격과 기질에서 많은 차이가 있었다. 고갱이 볼 때 빈센트는 무엇인가에 쉽게 빠져들고 빠르게 감탄하는 사람이었다. 고갱은 빈센트가 선천적으로 야무지지 못한 성격이라 돈 낭비가 심할 뿐만 아니라, 식사조차 제대로 하지 못하고 있음을 알아차렸다. 그래서 전직 주식 중개인답게 세상 물정에 밝은 고갱이 살림을 관리했다.

두 사람의 성격과 기질 이상으로 예술관의 차이는 갈등의 직접적 배경이 되었다. 새로운 유토피아를 추구해야 한다는 열망은 둘 다 같았지만 서로 다른 예술관을 지니고 있었다. 자연과 상상. 빈센트와 고갱은 이 두 모티프에서 언제나 상반되는 의견을 보였다. 빈센트는 아무것도 상상하지 않았으며, 오로지 자연을 보고 느낀 대로 그렸다. 반면 고갱은 먼저 사물을 보고 그것을 작업실에 와서 상상하면서 그리는 상징적인 수법을 중요시했다.

더군다나 작업 스타일의 차이는 사소한 갈등을 더 부채질했다. 다시 말해 실물을 그리는 빈센트와 상상해서 그리는 고갱은 유화냐 소묘냐, 야외 작업이냐 실내 작업이냐, 즉흥적이냐 계획적이냐, 서두르는가 침착한가, 빠른 붓질이냐 섬세한 붓질이냐, 유광 표면이냐 무광 표면이냐, 다량의 물감이냐 소량의 물감이냐, 스스로 만든 물감이냐 제조된 물감이냐 등에서 좋아하는 것이 너무나 달랐다. 빈센트가 영감으로 가득 차 고뇌하듯 화면을 대했다면, 고갱은 조용하고도 절도 있게 그러했다. 고갱은 무질서하고 결단력 없는 빈센트의 방식을 보고 개탄했다. 고갱은 베르나르에게 "반 고흐는 두껍게 칠해진 물감의 우발성을 좋아하네, 나는 구타당한 표면이 아주 싫어"라고 불쾌감을 드러냈다.

두 사람은 작업하는 속도와 생각하는 속도도 달랐다. 빈센트가 열 점 이상을 그릴 동안 고갱은 서너 점밖에 완성하지 못했다. 고갱이 25년 동안 그린 그림의 수는 빈센트가 10년 동안 그린 것과 비슷했다. 이것은 빈센트가 얼마나 놀라운 속도로 그림을 그렸는지 보여 준다.

더욱이 둘은 서로 좋아하는 화가도 너무나 달랐다. 빈센트는 몽티셀리를 옹호했다. 반면 고갱은 몽티셀리를 경멸했고 세잔을 찬양했다. 생활고를 겪으면서도 세잔의 작품만은 팔기를 거부했을 만큼 흠모한 고갱은 세잔의 고도로 훈련된 이성적 접근법을 높이 평가했다. 빈센트는 자신의 〈감자를 먹는 사람들〉을 보고 광인이 그린 것 같다고 혹평한 세잔의 평평한 작품이 너무 소심하다고 생각했다.

그뿐만이 아니었다. 빈센트는 자연에 천착한 바르비종파의 도비니, 줄리앙 뒤프레, 루소를 찬양했다. 그러나 고갱은 그런 작가들을 참을 수 없어했고, 앵그르와 라파엘과 드가 같은 소묘를 중시하는 작가를 모범으로 제시했다. 또한 빈센트는 쥘 브르통과 레옹 오귀스탱 레르미트, 밀레 같은 민중화가를 찬양했다. 고갱은

〈반 고흐의 의자〉

반 고흐와 고갱은 1888년 10월 23일부터 12월 23일까지 두 달 동안 아를의 노란 집에서 함께 살았다. 하지만 공통점보다는 차이점이 더 많았던 두 사람은 계속해서 부딪혔고, 결국 비극적 파국으로 치달았다. 그 파국이 가까웠음을 예감한 것일까? 반 고흐는 자신과 고갱의 의자를 각각 그렸다. 캔버스에 유채, 73.5×93센티미터, 1888, 내셔널갤러리, 런던.

〈고갱의 의자〉

반 고흐와 고갱의 좁힐 수 없는 간극을 보여 주는 듯 화려하고 신비로운 느낌을 주는 〈고갱의
의자〉는 밝고 소박한 느낌을 주는 〈반 고흐의 의자〉와 뚜렷한 대비를 이룬다. 캔버스에 유채,
72.7×90.5센티미터, 1888, 반고흐미술관, 암스테르담.

조토와 미켈란젤로 부오나로티 같은 대가를 찬양하며 맞섰고, 빈센트가 성인처럼 여기는 농민화가에 대해서는 조금의 존경심도 표하지 않았다.

그렇다면 공통으로 좋아하는 화가가 있었을까? 둘 다 렘브란트와 들라크루아를 좋아했는데 그 이유는 달랐다. 빈센트는 침울한 색조와 심오한 의미 때문에, 고갱은 정교한 형태 때문에 그들을 존경했다. 이처럼 같은 화가에게서도 다른 점을 보았으니 불화할 수밖에 없었다.

그러나 빈센트의 작품은 변하고 있었다. 빈센트는 고갱의 위엄 있는 태도, 유행하는 담론에 정통한 화법, 탁월한 프랑스어, 특히 설득력 있는 예술론에 맞서 자신을 방어하지 못했다. 고갱의 그림이 테오의 화랑에서 팔린다는 사실만으로 그의 예술관이 인정받은 것이 아닐까 생각했다. 이렇게 빈센트는 고갱과 타협했고, 그 결과 고갱의 영향이 화면에 드러나기 시작했다. 우선 고갱이 쓰는 거친 황마에 작업하면서 임파스토 기법을 완화하고 색을 다스려 보았다. 빈센트는 상상해서 나온 것이 확실히 좀 더 신비롭다고 인정하기에 이르렀다. 한편으로는 고갱과 함께 살고 작업하기 위해서는 그의 방식을 따라 주어야 한다고도 생각했다.

이로 미루어 보면 빈센트가 고갱의 방식을 따라 준 것으로 여길 수 있지만, 사실은 빈센트가 고갱보다 자기 생각을 더 강요하는 경향이 있었다. 빈센트는 상대와 의견과 다른 것을 참지 못했고 자기 생각을 지나치게 강요했다. 그것이 고갱 같은 자유인에게는 잘 통하지 않았다. 하루 종일 붙어서 작업하는 환경에서는 사소한 것도 마찰의 이유가 될 수 있다. 외교적인 태도와 협상이 필요했으나 빈센트에게는 그러한 면이 매우 부족했다.

귀를 자르다

　결국 두 사람 간 지속되어 온 갈등이 폭발하는 도화선이 된 사건이 일어났다. 1888년 12월 초순, 날씨가 추워져 야외 활동을 중단하고 방 안에서만 지내야 했을 때다. 고갱은 해바라기를 그리는 빈센트를 그렸다. 사실 고갱은 빈센트가 해바라기를 그리는 모습을 본 적이 없고, 빈센트가 그를 위해 포즈를 취한 적도 없었다. 고갱은 상징주의자였기 때문에 상상과 기억에 의존해서 이 그림을 그렸다.

　그림을 그리는 고갱의 시선은 빈센트를 내려다보고 있다. 어쩌면 이 그림에는 미묘하게 고갱이 빈센트를 낮추고 자신을 높이려는 의도가 숨어 있는지도 모른다. 고갱은 이 작품을 두고 자신과 빈센트의 우정을 기념하기 위한 작품이라 했지만, 빈센트는 매우 분노했다. 고갱의 의도를 의심한 빈센트는 물었다.

　"이것이 나인가요?"

　"그래! 자네 아니면 누구겠는가?"

　"농담이겠지요. 이것은 결코 내가 아니야."

　그러다가 잠시 후에 나지막이 말했다.

"이것이 분명 나라면 제정신이 아닌 나로군."

그러자 고갱은 말했다.

"나는 해바라기를 열심히 그리는 자네에게 경의를 표하느라고 그
린 것일세."

— 문국진, 『반 고흐, 죽음의 비밀』 중

그렇다면 빈센트의 눈에는 무엇이 그렇게 거슬렸을까? 여태껏
빈센트가 그린 자화상을 보면 눈만큼은 또렷하고 강렬했다. 그에
게 눈은 의지를 표현하는 매개체였다. 그런데 고갱이 그린 눈은
반쯤 잠겨 있고, 몽롱하고 흐릿하다. 빈센트에게는 초상화 속 눈
표현이 너무나 거슬렸다. 빈센트가 생각하는 빈센트가 아닌 것이
다. 빈센트의 얼굴은 따분하고 우울하며, 더군다나 원숭이와 닮았
다. 고갱은 빈센트의 작업 방식을 자연을 베끼는 원숭이로, 찰스
다윈의 진화론에 등장하는 인간의 가장 하위의 단계인 원숭이로
희화화한 것이다. 이 냉소적인 메시지를 강조하기 위해 그는 빈센
트의 붓을 꽃들과 그림 사이에 어중간하게 위치시킨 채 성실하지
만 어리석게 자연을 베끼고 있는 모습으로 그린 것이다. 그뿐만
아니라 빈센트의 무릎 위에 있는 팔레트 사이로 튀어나온 엄지손
가락은 그의 남성성을 비하한 것은 아닐까?

고갱은 이 그림을 테오에게 보내며 빈센트와 유사하지 않을지
는 몰라도 분위기는 맞아떨어진다고 했다. 테오는 형의 내면을 잘
포착했다는 점에서 그를 그린 초상화 중 최고의 작품이라고 평가
했다. 빈센트는 고갱이 자신의 재능을 모독했으며, 자신을 도발한

〈해바라기를 그리는 반 고흐〉

반 고흐와 고갱이 결별하게 된 직접적 계기가 된 그림이다. 고갱은 반 고흐와의 우정을 기념
하기 위해 이 그림을 그렸다고 했지만, 반 고흐는 몽롱하고 흐릿하고 따분해 보이는 자신의
모습에 크게 분노했다. 캔버스에 유채, 91×73센티미터, 1888, 반고흐미술관, 암스테르담.

것이라고 생각했다. 빈센트는 고갱을 모사꾼이라고 일찌감치 의심하기 시작했고, 그 의심은 배신감으로 치달았다.

이 초상화 때문에 고갱에 대한 빈센트의 분노는 쉽게 사그라지지 않았다. 얼마 뒤 카페에서 술을 마시던 빈센트는 고갱을 향해 술잔을 집어던졌다. 운동신경이 워낙 뛰어난 고갱은 재빨리 피했지만, 언제라도 빈센트가 저지르는 공격에 맞닥뜨릴지 모른다고 신경을 곤두세우기 시작했다.

고갱이 아를에 온 지 두 달째 되던 크리스마스 무렵, 그 두려움이 현실화되는 사건이 일어났다. 그날따라 차가운 겨울비가 내리는 등 날씨가 나빠 둘은 종일 실내에 갇혀 예민한 상태로 사소한 논쟁을 지속했다. 빈센트가 종잡을 수 없는 주장을 쏟아 냈고, 고갱은 따분해했다. 독한 압생트를 계속 마시던 빈센트가 고갱에게 떠날 것이냐고 물었고, 고갱은 그렇다고 대답했다.

고갱은 저녁 식사를 빨리 끝내고 폭우가 멈춘 라마르틴광장으로 산책을 나섰다. 그저 바람을 쐬거나, 근처 드라가르카페에서 한잔 하려고 했거나, 마음에 드는 창녀에게 가려고 했을 것이다. 이 모든 것이 노란 집의 압박감에서 벗어나고 싶을 때 고갱이 종종 찾던 탈출구였다. 어쨌든 그가 집을 나선 이유가 무엇이었든 간에 빈센트는 문이 닫히는 소리를 들었을 테고, 그것이 마지막이라고 생각했던 것 같다. 고갱의 말에 따르면 발소리가 들려 뒤를 돌아보니 면도칼을 든 빈센트가 자신에게 덤벼들려고 했다는 것이다. 고갱이 노려보자 빈센트는 행동을 멈추고 달아났다고 한다.

빈센트가 노란 집으로 돌아가서 어떻게 귀를 잘랐는지에 대해

〈아를의 밤의 카페〉

반 고흐와 고갱이 자주 들르던 드라가르카페를 그린 것으로, 에밀 졸라의 『목로주점』에 나오
는 풍경을 연상시킨다. 고독감이 느껴지는 분위기와 왜곡된 공간감이 술에 취한 자의 시선과
마음을 나타내는 것 같다. 캔버스에 유채, 89×70센티미터, 예일대학교미술관, 뉴헤이븐.

VINCENT VAN GOGH

서는 자신조차 자세히 모른다. 어쨌거나 자른 귀를 신문지에 싸서 고갱을 찾아 나섰다. 자신이 저지른 끔찍한 짓을 보여 줄 작정이었다. 그러면 아를에서 구현하고자 한 공동체적 삶을 고갱이 재고해 줄지도 모른다고 생각했던 것일까? 빈센트는 노란 집 근처에 있는 고갱의 단골 사창가를 먼저 뒤졌다. 그러나 포주는 그를 들여보내 주지 않았다. 빈센트는 라셀(고갱이 특히 좋아한 창녀라는 설도 있고, 사창가에서 청소 일을 하던 하녀라는 설도 있다)이라는 여성을 불러 달라고 한 뒤 그녀에게 자신의 자른 귀를 건네주면서 "이것을 소중하게 보관해 달라"라고 하고는 사라졌다. 혹은 고갱에게 전해 달라고 부탁했다는 설도 있다. 어쨌거나 꾸러미를 풀어 본 그녀는 당연히 기절하고 말았다.

이튿날 아침, 경찰은 노란 집으로 향했다. 빈센트는 엉망이 된 침대에 누워 있었다. 다시 제정신으로 돌아왔을 때는 자신이 왜 그렇게 이상하고 끔찍한 일을 저질렀는지 알지 못했다. 결국 병원으로 이송되어 '광란을 동반하는 발작성 정신이상'이라는 진단과 함께 입원 조치를 받았다. 고갱은 빈센트가 살아 있다는 사실만 확인하고는 더는 관여하고 싶지 않다는 이유로 아를을 떠났다. 아마 그날 도착한 테오와 함께 밤 기차를 타고 파리로 향했을지도 모른다. 이후 고갱은 빈센트를 다시는 만나지 않았다. 그렇게 고갱과 함께라면 가능했을 이 지상에서의 모험은 짧게 끝나고 말았다.

고통 속의 쾌락

고대 로마의 도시인 아를에는 투우장이 있었다. 그곳에서는 귀를 헌상하는 행위가 하나의 의식으로 존재했다. 용감한 투우사가 칼로 소를 찔러 소가 비틀거리다 쓰러지면 관중은 "귀, 귀, 귀"라는 함성을 지르며 열광했다. 투우사의 조수들이 쓰러진 소의 귀를 잘라 투우사에게 갖다 주면 그는 이것을 쳐들고 환호하는 관중에게 답하며 장내를 한 바퀴 돌았다. 그리고 관중 가운데 가장 아름다운 여인에게 이를 바쳤다. 잘린 귀를 들고 장내를 한 바퀴 도는 것이 남자의 최고 영예라면, 그 귀를 헌상받는 것은 여성의 최고 영예였다. 마치 유럽에서 마상 창 시합에서 이기면 그 트로피나 깃발을 관중 속 가장 아름다운 여인에게 바치는 것과 비슷하다.

빈센트가 귀를 자를 때는 이런 의식을 염두에 둔 것은 아니었겠지만, 해박한 그는 이미 귀를 자른 마당에 상징적인 행위를 상상해 냈을 가능성도 있다. 그가 창녀들과 누린 관계는 관능적이고 감정적인 삶, 즉 한 번에 2프랑씩 내고 맛볼 수 있는 천국과도 같은 것이었다. 귀를 자른 사건이 있던 날, 빈센트와 고갱은 창녀를 여섯 명이나 죽인 영국의 잭 더 리퍼라는 희대의 연쇄살인범에 대한 기사를 두고 심하게 다투었다. 고갱이 아를을 떠날 뜻을 비치자 빈센트는 "살인자가 도망쳤다"라는 문장을 오려서 고갱에게 주었다고 한다. 어쩌면 빈센트는 그 살인범 대신 자신을 벌한 뒤 그 결과물을 창녀에게 주었을지도 모른다. 언제나 창녀라는 타자에 대한 연민이 지독했던 빈센트라면 가능한 행동이었을지도 모른다.

〈론강 위의 별이 빛나는 밤〉

반 고흐는 삶에 어둠이 짙게 드리워지던 말년으로 갈수록 밤하늘의 별을 많이 그렸다. 그는
"별이 반짝이는 밤하늘은 늘 나를 꿈꾸게 한다"라고 했다. 아를 시절에 그린 이 그림은 생레

미 시절에 그린 〈별이 빛나는 밤〉과 함께 그의 '별밤' 그림을 대표한다. 코발트블루의 하늘을 배경으로 총총하게 빛나는 노란색 별들이 먼 곳에 대한 그리움과 동경, 처연한 슬픔의 감정을 불러일으키는 듯하다. 캔버스에 유채, 94×72.5센티미터, 1888, 오르세미술관, 파리.

빈센트는 자신이 저지른 끔찍한 일을 기억하지 못했다. 정신착란 상태에서 귀를 잘랐다는 뜻이다. 일반적으로 정신장애가 있는 사람이 자기 몸을 자학하고 훼손하는 것은 거의 환각에 의한 것이 대부분이라고 한다. 당시 빈센트는 자신을 비난하는 목소리가 들리는 청각적 환각 증세를 겪고 있었으며, 주변 사람들이 자신을 독살하려 한다는 망상에 사로잡혀 있었다. 귀를 자른 것도 자신을 향한 참을 수 없는 모욕적인 말 때문이었을 것이다. 귀를 자르면 더 이상 환청이 들리지 않을 것이라고 믿었는지도 모른다.

이 사건에는 여러 악재가 겹쳐 있었던 것으로 보인다. 사건이 있기 바로 전에는 테오로부터 요하나와의 결혼 계획이 담긴 편지를 받았다. 빈센트는 이 결혼으로 인해 자신을 이해해 주는 유일한 가족이자 정신적이고 경제적인 후원자인 동생을 잃을지도 모른다는 불안에 휩싸였다. 이런 상황에서 고갱마저 떠난다고 하니 그토록 꿈꾸던 화가 공동체는 꽃을 피우지도 못하고 무산될 위기에 놓였다. 이제 모든 일을 그르친 장본인은 바로 자기 자신이라고 느꼈다. 어쩌면 자신이야말로 처벌받아 마땅한 존재라고 생각했을 것이다.

빈센트의 머릿속에는 언제나 죄에 대한 대가에 해당하는 처벌의 이미지가 가득했다. 겟세마네 동산에서 예수를 체포하려는 군인의 귀를 베드로가 칼로 내리쳐 잘라 버렸으나, 이를 예수께서 치유해 주었음을 상기했다. 자신의 비참하고 외로운 처지가 예수와 비슷하고, 자신을 구원해 줄 존재 역시 예수뿐이라고 생각했다. 그뿐만 아니라 자신이 좋아한 졸라의 『무레 신부의 죄』에 나오는 귀 자른 이야기라든지 『꿈』, 『대지』, 『제르미날』 등에 나오는 신체 절단과 같은 처벌의 장면도 그에게는 범상치 않은 단죄의 이미지로 각인되어 있었다.

사실 오래전부터 빈센트는 심한 죄책감에 사로잡힐 때마다 자기를 처벌했다. 음식을 거부하거나 겨울에는 따뜻한 옷을 마다했고, 집을 놓아두고 추운 오두막집 땅바닥에서 잤다. 또한 지나치게 담배를 피워 대거나, 위가 아플 정도로 커피를 마시며 잠들지 않으려 했고, 때로는 누워서 자지 않고 지팡이에 의지해 앉아서 잤으며, 그 지팡이로 자신을 매질하는 등 무수히 많은 자기 학대를 일삼았다. 빈센트는 한 동료에게 그런 자기 학대 의식을 털어놓으며 자신은 밤에 침대에서 잘 특권을 상실했다고 토로했다. 자신에 대한 이러한 가학성은 곧 피학성이 된다. 귀를 자르거나 훗날 자의든 타의든 총부리를 자기에게 향하게 한 것도 피학적인 성향 때문에 일어난 아주 자연스러운 귀결이 아닐 수 없다.

그러나 빈센트는 이런 시련을 유익한 경험으로 받아들였다. 극도로 비참한 상태에 놓이면 힘이 다시 솟아나는 것을 느꼈다. 불안에 떠는 대신 자신을 고통에 내맡길 때 모욕과 처벌의 두려움을 떨쳐 버리게 되고, 따라서 험난한 운명을 극복했다는 쾌감을 느꼈던 것이다. 즉 처벌이 곧 쾌락이었던 것이다. 이런 심리 상태야말로 새도매저키즘에서 오는 주이상스jouissance*가 아닌가. 그렇다면 빈센트에게 쾌락은 먼저 고통을 체험하기만 한다면 언제나 가능

---

* 프랑스의 정신분석학자인 자크 라캉의 용어로, '고통 속의 쾌락'을 뜻한다.

했던 것이 아닐까? 우리가 이른바 숭고한 행위 혹은 숭고한 미라고 부를 때 거기에는 분명 쾌와 불쾌, 매력과 거부감이 공존하는 것처럼 말이다.

빈센트는 귀를 자르고 난 뒤 귀에 붕대를 감은 자화상을 두 점 그렸다. 하나는 붉은색 배경에 파이프를 물고 있는 것이고, 다른 하나는 우키요에를 배경으로 한 것이다. 그림에서 왼쪽 귀가 붕대로 감싸여 있는 것은 거울을 보면서 그렸기 때문이다. 사실 이 두 자화상은 주치의인 펠릭스 레이와 다른 의사들을 위해 그린 것이다. 두 그림 모두에서 빈센트는 1월의 추위에 맞게 진녹색 외투와 털모자로 싸맨 모습을 하고 있는데, 이는 신선한 공기를 많이 쐬라는 의사들의 지시를 자신이 잘 따르고 있다는 사실을 보여 주기 위한 것이다. 게다가 붕대를 두른 왼쪽 귀를 드러내고 병원의 말끔한 처치를 보여 주니 이 또한 의사를 의식한 것이다. 그들에게 잘 보여야 자신이 원하는 대로 감금되지 않고 자유롭게 그림을 그릴 수 있기 때문이다.

두 자화상에서 빈센트는 차분하고 집중력 있는 모습으로 캔버스 바깥을 응시하고 있다. 첫 번째 그림에서 빈센트는 어쩌면 광기에 사로잡힌 공포에서 벗어나 좀 더 담담하게 자신을 응시하는 것 같다. 담배를 피우고 있다는 것은 여전히 스트레스가 있지만 좀 더 의연하게 자신을 추스르고 있다는 것을, 누가 뭐라고 해도 자신이 하고 싶은 것을 하겠다는 의지를 보여 주는 것 같다. 빨강, 파랑, 초록의 보색 대비는 안정되지 않은 내면을 드러냄과 동시에, 자신의 정신적인 질병을 이겨 내겠다는 굳은 결기를 보여 주는 것만 같다. '나 괜찮아! 나 멀쩡해!'라고 하는 듯이.

1870년대에 제작한 사토 토라키요의 〈게이샤가 있는 풍경〉이라는 우키요에 작품을 배경으로 그린 자화상에서도 포기의 기미는 보이지 않는다. 좀 성마른 얼굴을 하고 있기는 하지만 그 눈빛은 앞선 작품보다 더 치열해졌다. 중대한 위기를 겪고 난 뒤에도 오히려 정신이 온전하고 자제심이 있다는 것을 보여 주고 싶어 한 것 같다. 그런 의미에서 귀를 자른 빈센트의 자화상은 미치광이의 그것이 아니라 자신을 괴롭힌 커다란 내면적인 절망을 이겨 내려고 끈질기게 싸운 한 남자의 초상이라고 해야 옳다.

근원적 상처

빈센트는 입원한 지 2주 뒤에 아를시립병원에서 퇴원했다. 그가 정신병원에 수감되지 않고 노란 집으로 복귀한 데는 그의 절망적인 노력 덕분이었다. 빈센트는 그와 테오에 대해 호의적인 수련의 레이에게 자신을 부당하게 감금했다고 분노하는 대신 박식함과 은근한 호감, 슬쩍 던지는 농담으로 환심을 사고자 했다. 레이는 예술을 좋아하는 젊고 호기심 많은 의사였는지라 빈센트와 잘 통했다. 그리하여 빈센트에게 통원 치료를 받으면서 그림을 다시 그릴 수 있도록 배려해 주었다. 이때부터 빈센트를 돌보는 일은 우체부 룰랭이 맡았다. 테오의 부탁으로 그는 빈센트의 상태를 알려 주겠다고 약속했다.

반 고흐가 귀를 자른 뒤 입원한 아를의 병원

1888년, 크리스마스를 코앞에 두고 반 고흐는 고갱과 말다툼 끝에 자신의 왼쪽 귀 일부를 잘라 버린 뒤 아를시립병원에 입원했다. 이때 그린 병원 풍경을 보면 삭막하고 고립된 심경이 느껴진다. 다행스럽게도 예술을 좋아한 젊은 의사 레이의 배려로 그는 2주 만에 퇴원하여 노란 집으로 돌아왔다. 이때부터 우편배달부 룰랭이 그를 보살펴 주었다.

빈센트는 예전보다 몇 배는 더 광포해진 상태에서 그림을 그렸다. 새벽부터 저녁까지 붓을 놓지 않았고, 눈에 염증이 생겼는데도 개의치 않고 작업을 계속했다. 그러다가 다시 증상이 악화되기 시작했는데, 피해망상이 심해진 것이다. 가정부는 빈센트가 음식에 독을 넣었다고 식사를 거부한다며 프레데리크 살레 목사에게 알렸다. 살레 목사는 귀를 자른 사건 이후 빈센트를 돌보아 주던 마을의 개신교 목사로, 빈센트와 사이가 나쁘지 않았다. 그는 1889년 2월에 테오에게 "사흘 동안 그는 자신이 독살당하고 있으며, 독살하려는 사람들과 독살의 희생자들이 사방에서 보인다고 했습니다"라고 소식을 전하기도 했다.

빈센트의 으스대는 듯한 걸음걸이, 깜빡대는 속눈썹, 네덜란드어로 늘어놓는 장광설, 서툴게 시도하는 방언 모두가 마을 사람들에게는 불안정의 징후로 보였다. 그들은 빈센트가 폭음하고 횡설수설했다고 말했다. 또한 길거리에서 해코지할 의도로 아이들을 쫓아다니고, 심지어 이웃 여자들을 희롱하고 집까지 쫓아갔다고 했다. 마을 사람들은 모두 그를 미치광이라고 부르며 회피하고 무시했다. 빈센트는 사람들이 보내는 조롱과 무시를 맞받아치고 공격함으로써 그들의 두려움을 가중시켰다.

이런 빈센트의 태도에 겁을 먹은 주민들은 자신들의 안전에 위협이 되는 그를 추방하거나 강제로라도 입원시켜야 한다고 경찰에 진정서를 제출했다. 진정서에 서명한 이들 중에는 공교롭게도 빈센트와 친한 사람 중 한 명인 드라가르카페의 주인 지누도 있었다. 진정서는 빈센트가 오랫동안 여러 번에 걸쳐 정신적 이상이 있음을 드러내 왔다는 사실을 증명하고 싶다는 내용을 담고 있었다. 예컨대 그가 폭음 후에는 과도한 흥분 상태와 심리적 불안정함으로 이 지역의 모든 사람들, 특히 여자와 아이들에게 위협적이니 제발 이 정신병자를 마을에서 추방하거나 정신병원에 강제로라도 입원시켜야 한다는 것이었다.

진정서는 빈센트가 아를에 도착한 직후부터 주민들 사이에서 쌓여 온 불만의 핵심을 말해 준다. 이 청원서는 경찰로 이관되었고, 경찰은 빈센트를 재검증한 다음 다시 감금하기로 결정했다. 경찰이 노란 집에 들이닥쳤을 때 빈센트는 술을 많이 마신 상태라 저항하지 못했다. 경찰은 그가 더 이상 노란 집으로 돌아올 수 없다고 판단한 듯 덧문을 닫고 자물쇠를 채운 다음, 그 위에 봉인 테이프를 붙였다.

빈센트는 거의 한 달 동안 아를의 오텔리외병원에서 보냈다. 그곳에서 그는 대부분의 시간 동안 감시를 받으며 자물쇠가 달린 독방에서 홀로 지내야 했다. 술과 담배와 책은 물론이고 신선한 공기조차 허락받지 못했다. 빈센트는 분노에 찬 이의를 제기했지만, 그의 편이 되어 주었던 레이조차 '공중에게 잠재적으로 위험한 인물'이라는 판결에 반박할 수 없었다. 빈센트는 자신의 병보다는 주변 사람들의 배신에 참을 수 없는 모욕감을 느꼈다. 아를에 대한 호감도 사라져 갔다.

무엇보다 빈센트의 마음에 크게 자리 잡은 근원적인 상처는 자신이 버려졌다는 인식으로부터 왔다. 그에게는 두 차례 버림받았다고 느낀 일이 있었다. 열한 살 때 기숙학교에 강제로 보내진 일과, 성인이 된 자신을 아버지가 정신병원에 입원시키려고 했던 일이 그것이다. 이는 평생 부모를 원망하게 한 결정적인 계기가 되었다. 두 사건은 빈센트에게 유기 불안을 심어 주었고, 이로 인해 그는 이 트라우마로부터 평생 자유롭지 못했다. 게다가 아를에서 고갱과 결별하고 테오도 결혼한다고 하니, 오래된 상처가 다시 환기되어 괴로웠던 것이다.

그러면서도 빈센트는 테오에게 자신에 대해 지나치게 걱정하거나 불안해하지 말라고 부탁했다. 오히려 자중을 요청하고 관여하지 말 것을 당부했다. 이런 태도는 무엇일까? 자신을 부당하게 박해당한 예수와 동일시함으로써 심리적인 안정을 취하려는 태도로 보는 시각도 있다. 당시 빈센트는 자신을 스스로 높이고 주위의 부당한 박해자들을 깔보려는 심리적 상태를 보였는데, 이는 피해망상 환자들이 보이는 전형적인 반응이다.

찬란한 노란색을 얻기 위해서라오

압생트는 아니스, 히솝, 향쑥 등의 향초를 원료로 증류하여 만든 에메랄드 빛이 나는 술이다. 알코올 도수가 45~50퍼센트 정도인 독한 술로, 값이 저렴해서 예술가들이 즐겨 마셨다. 예술가들은 환각을 일으킬 정도로 독한 압생트가 영감을 주고 감각을 새롭게 해 주는 등 마술적인 힘을 지녔다 하여 '녹색 요정'이라고 찬양했다. 마네와 드가는 물론 파블로 피카소도 압생트와 관련한 작품을 남겼다. 알코올중독자였던 빈센트의 발작과 죽음에는 분명 압생트가 영향을 끼쳤다. 18년간 그는 환각과 환청을 동반한 발작을 여러 차례 일으켰는데, 그 증상이 압생트 중독자가 보이는 것과 유사했기 때문이다. 당시 압생트를 마시는 것은 너무 흔한 일이어서 의사들은 빈센트의 발작과 압생트의 관련성을 소홀히 여긴 것 같다. 심각한 부작용을 일으킨 엄청난 압생트 소비와 사회문제는 빈센트의 말년 상황과 정확히 일치한다. 더군다나 아를은 압생트 산지였다.

아를에서 빈센트는 룰랭과 자주 압생트를 마셨고, 고갱이 온 이후로는 더 자주 마셨다. 귀를 자른 사건 전에는 압생트를 폭음했던 것으로 보인다. 아를시립병원에 입원했을 당시, 레이가 과도한 음주를 나무라자 빈센트는 "노란 높은 음에 도달하기 위해서라오. 올여름 그것에 도달하기 위해 나로서는 스스로 좀 속일 필요가 있었다오"라고 답했다. 아를에서 찬란한 노란색을 얻기 위해 여름 내내 압생트에 취해 있었다는 것이다. 빈센트는 아를에서는 테레빈유를, 생레미의 요양원에서는 등유를 마신 적이 있는데, 그것은 그에게 오랫동안 금지되어 있었던 알코올의 절망적인 대체물이었다.

의학적으로 노란색을 얻기 위해 압생트를 마셨다는 것은 타당성이 있다. 압생트라는 술은 색맹이라는 색채 이상을 초래하는데, 황시증도 그 부작용 중 하나다. 즉 압생트에는 시신경을 손상하는 테레벤 유도체가 함유되어 있어 중독 시 시각 장애가 일어날 수 있다. 이미 많은 연구를 통해서 빈센트가 황시증에 걸렸다는 사실이 밝혀지고 있다. 어떤 안과 의사는 그림의 전등 주위의 운륜haloes과 노란빛이 바로 그런 증상을 보여 주는 것이라고 했다. 빈센트는 아를에서 그림을 그릴 때 아무나 흉내 낼 수 없는 노란색과 파란색을 위해 고심했고, 그래서 압생트를 자주 마셨던 것이다. 그렇게 탄생한 작품이 〈해바라기〉, 〈노란 집〉, 〈밤의 카페 테라스〉 등이다.

〈해바라기 열네 송이〉. 반 고흐가 사랑한 노란색으로 가득하다. 그에게 노란색은 무엇보다도
희망과 구원을 상징한다. 캔버스에 유채, 73×92.2센티미터, 내셔널갤러리, 런던.

정신병이라는
영감

사랑하는 아우야. 여전히 그림을 그리다가 편지를 쓴다.
마치 홀린 사람처럼 일하고 있어. 과거 어느 때보다 작업에 대한 열의로
가득 차 있어서 그게 병의 회복에 도움이 된다고 믿고 있단다.
들라크루아가 "나는 이빨도 없고 호흡도 불가능하게 되었을 때 비로소
그림을 발견했다"라고 말했듯, 아마 내게도 무언가 일어나고 있는지 몰라.
왜냐하면 나의 불행한 병이 무언의 열광으로 나에게 일을 시키기 때문이야.

― 빈센트 반 고흐, 『세상에서 가장 아름다운 편지』 중

나 자신을 돌볼 수가 없어요

아를에서 빈센트는 돌연 자신을 정신병원에 넣어 달라고 살레 목사에게 부탁했다. 그는 자신이 견딜 수 없는 환각을 경험했음을 인정하고, 그것에 대한 공포와 두려움이 매우 크다고 고백했다. "나 자신을 돌볼 수도 다스릴 수도 없어요. 과거의 나와 지금의 나는 아주 다른 사람처럼 느껴집니다." 테오의 결혼식 전날에 그는 살레 목사에게 이렇게 말했다. 사실 의사들은 그의 병이 호전되었고 퇴원하는 데 동의한 터였다. 새로 살 아파트도 정해져 있었지만 빈센트의 마음속에 있는 무엇인가가 무너져 내렸다.

살레 목사는 생레미 지역 외곽에 위치한 생폴드모졸수도원의 요양원으로 가는 것을 제안했다. 목사는 친절하게도 이 요양원을 직접 방문해 빈센트의 입원 가능 여부를 의논한 뒤 결과를 알려 주었다. 빈센트는 살레 목사와 함께 생레미에 도착했다. 기차를 두 번 갈아타고서 생레미에 도착한 그들은 마차를 타고 생폴드모졸요양원으로 향했다. 이렇게 빈센트는 1889년 5월 8일에 정신병원에 자발적으로 입원하여 이듬해 5월 16일까지 꼬박 1년 동안 지내면서 그림을 위한 치열한 내면적 투쟁을 감행했다.

빈센트의 이런 결정은 궁극적으로 테오를 위한 것이었다. 자신의 평화만큼이나 타인의 평화를 위해서 감금된 상태로 있고 싶다고 누누이 강조한 그는 살레 목사와 레이는 물론 그 누구보다 테오를 힘들게 하는 것을 못 견뎌했다. 그리하여 테오 부부가 신혼 생활의 행복을 맛보고 있던 바로 그 순간, 빈센트는 자신의 꿈과 열정의 중심이던 노란 집을 포기하고 요양원으로 향했던 것이다.

생레미는 빈센트의 흔적이 많이 남아 있는 곳이다. 그가 치료받았던 요양원은 문화 유적으로 남아 있다. 생레미는 아를에서 북동쪽으로 약 25킬로미터 떨어진, 알피유산맥 기슭에 있는 작고 아름다운 마을이다. 노스트라다무스의 출생지이자, 공쿠르 같은 명사들이 즐겨 찾던 곳이다. 푸른 들판과 올리브나무 숲은 마치 토스카나 지방을 보는 것 같다. 작곡가 샤를 구노는 그곳을 "완전한 이탈리아"라고 일컬었으며, "최고로 아름다운 산골짜기를 어디서든 볼 수 있는 곳"이라고 예찬했다. 이 지역의 비밀스러운 평온함에 감명받은 로마인들은 이 도시 근처에 글라눔이라는 작은 휴양 도시를 세웠다. 그곳은 전적으로 건강과 기력 회복을 위한 도시였다. 빈센트가 머물던 당시 생레미는 유서 깊은 중심지와 원형 대로를 중심으로 1500명 정도의 주민들이 살고 있었다.

생레미의 생폴드모졸요양원

1889년 5월, 반 고흐는 상태가 점점 좋아지고 있었음에도 마음속 무엇인가가 무너져 내린 듯 생레미의 생폴드모졸요양원에 스스로 들어갔다. 그것은 자신의 평화뿐만 아니라 타인의 평화를 위한 자발적 감금이었다. 그는 이곳에서 이듬해 5월까지 지냈다. 그 1년은 그의 인생에서 육체적, 정신적으로 가장 치열하게 사투한 시간이라 할 수 있다.

빈센트 순례길

내가 도착한 날은 여름의 끝자락이었고, 비가 부슬부슬 내리다가 그쳤다가를 반복했다. 먼저 시장기를 달래느라 오래된 작은 레스토랑에 가서 소고기 스튜와 프렌치 가정식을 주문해 먹으면서 비가 그치기를 기다렸다. 적어도 100년은 족히 넘어 보이는 레스토랑이라 예사롭지 않은 실내 인테리어는 물론 주변 사람들도 훑어보았다. 주로 여행자들보다는 현지인이 드나드는 식당이었는지 나이 든 사람들이 편하게 담소를 나누고 있었다. 혹 이곳에도 빈센트가 다녀가지는 않았을까 하고 생각해 보았지만, 유감스럽게도 그가 생레미 시내에서 누구를 만났다거나 식사를 했다는 기록은 없다. 그는 시간이 되는 대로 자신이 체류했던 이웃 마을 아를을 찾아가 사람들을 만나고 싶어 했지 생레미 시내에서 혼자 시간을 보내지는 않았다.

생레미가 빈센트의 마을이라고 느껴진 것은 바로 그가 요양한 생폴드모졸수도원까지의 오래된 길 때문이다. 빈센트는 당시 생래미역에서 이 수도원까지 마차를 타고 갔지만, 나는 시내에서 1.5킬로미터 떨어진 수도원까지 걸어갔다. 그리고 그 길은 빈센트 반 고흐의 여정에 잊지 못할 추억을 안겨 주었다.

덥지도 춥지도 않은 초가을의 비가 갠 오후는 빈센트를 추억하기에 조금은 멜랑콜리한 분위기를 배가했다. 빈센트라고 적힌 동그라미 형태의 사인이 박힌 도로를 마냥 걷다 보면 곳곳에 그가 그린 그림이 새겨진 표지판과 그 배경이 된 풍경이 나란히 펼쳐진 곳을 지나가게 된다. 그야말로 미술의 성인을 만나러 가는 듯 빈센트 순례길을 걷고 있다는 기묘한 기분이 든다. 이렇게 그 순례길을 따라가다 보면 거의 골짜기 끝에 무성한 숲과 올리브나무로 둘러싸인 수도원에 도달하게 된다. 더 깊고 어둡고 울창한 느낌이 나는 곳이다. 감동적인 순간이 아닐 수 없다.

빈센트가 머물던 생폴드모졸수도원Monastery Saint Paul de Mausole은 로마 묘탑mousole 근처에 교회를 세운 성인 폴의 이름에서 따온 것이다. 이 수도원은 1000년경에 건립되었고, 12세기 무렵의 초기 회랑 일부가 남아 있다. 회랑으로 둘러싸인 로마네스크 양식의 이 교회는 상처를 받고 절망한 슬픈 순례자들의 영혼과 정신을 구제해 주려는 취지로 마련되었다. 1605년에 병자와 빈자를 보살피는 프란체스코수도회가 수도원 운영을 맡았고, 1807년에 한 의사가 매입하여 요양원으로 개조했다. 당시 이 수도원의 부설 요양원은 정신병원이라기보다 휴양지처럼 운영되었다.

생폴드모졸요양원은 현대적인 의료 시스템을 약속하며 부유한 중산층을 유혹했다. 과거와 같은 구속과 결박을 위주로 하는 잔인하고 통제적인 방식이 아닌, 쾌적하고 위생적인 환경과 건강에 좋은 음식, 건전한 육체노동, 오락 기구 등을 개설해 운영한다는 방침을 내세웠다. 예컨대 바느질을 하는 방, 당구대가 놓여 있는 오락실, 신문과 잡지와 책이 마련된 도서관, 미술실, 음악 연주실 등의 시설이 갖추어져 있었던 것이다. 붓꽃과 월계수가 풍성한 오솔길과 정원도 마음대로 산책할 수 있었다.

이러한 편의 시설과 호의적인 서비스에도 불구하고 절반 이하

생폴드모졸요양원 인근에 있는 올리브나무밭

생레미 시내에서 약 1.5킬로미터 떨어진 요양원은 무성한 숲과 올리브나무밭으로 둘러싸여 있다. 마치 이탈리아 토스카나 지방을 보는 듯한 이 아름다운 산골짜기 마을을 두고 프랑스 작곡가 샤를 구노는 "완전한 이탈리아"라 일컫기도 했다.

의 병상만이 채워져 있었다. 빈센트가 생폴드모졸수도원에 왔을 때는 마흔한 명의 환자가 있었다. 남녀 비율이 1대 3으로 여성이 훨씬 많았는데, 당시 정신이상은 주로 여성의 질환으로 여겨졌다. 그러나 안내 책자에서 제시한 최상의 음식과 정돈된 시설은 사실과는 달랐다. 바퀴벌레가 들끓는 식당에서 제공하는 음식에는 퀴퀴한 냄새가 났고, 방치된 정원은 쇠락한 분위기를 배가했다.

발작의 고통 속에서

빈센트는 생폴드모졸요양원에 입원 중일 때 가장 자주 발작이 일어났다. 총 네 차례 발작이 있었는데, 유감스럽게도 모두 요양원 바깥, 특히 아를로 외출을 다녀온 뒤에 생긴 것이다. 이처럼 자유롭게 행동할 때 언제나 과도한 흥분에 빠지고, 이어서 발작이 일어났다. 그럴 때면 혼란한 정신 상태에서 극심한 고통을 겪었다.

생폴드모졸요양원에서 일어난 발작을 살펴보면 처음 두 차례 발생했을 때는 물감, 테레빈유, 등유 같은 독성 물질을 먹으려 했다. 의사인 테오필 페이롱 박사는 빈센트가 물감을 삼키거나, 램프에 기름을 채우던 소년에게서 등유를 빼앗아 들이키는 등 여러 차례 음독을 시도했다고 보고서에 썼다. 사실 그것은 자살 시도라기보다는 알코올의 대체물로 여겼을 가능성이 크다. 강제로 해독제를 투여해 먹은 것을 토해 내게 했지만, 식도가 상당히 부어 며칠 동안 엄청난 고통을 겪어야 했고, 심지어 한 달 뒤에도 삼키는 것을 힘들어했다. 그럴 때면 그림 작업도 금지당했다. 무시무시한 환각을 동반하는 발작 다음에는 실신할 듯한 상태와 현기증이 뒤따랐고, 의식불명으로 막을 내렸다. 매번 기억상실과 실의에 빠져 다시는 지인들을 보거나 작업하고 싶다는 마음이 들지 않았다. 빈센트는 발작이 그림 그리는 능력을 파괴해 버릴까 봐 두려워했다.

더 심한 발작은 화가로서의 내 능력을 영원히 망가뜨릴지도 모른다. (중략) 발작이 일어나면 그 고통에 직면해 공포를 느껴서 보통 때보다 훨씬 겁을 먹어. 그 전에는 회복하고 싶은 욕망조차 없었는데 이제는 2인분을 먹고, 열심히 일하며, 다시 아프게 될까 봐 다른 환자와의 접촉도 꺼리고 있어. 그것은 바로 정신적 공포 때문이야. 요컨대 나는 회복하기 위해 노력하고 있어. 마치 자살을 시도한 사람이 물이 너무 차가운 것을 알고는 강둑으로 기어올라가듯이.

— 빈센트 반 고흐, 『세상에서 가장 아름다운 편지』 중

매번 이것이 마지막 발작이기를 바랐지만 발작은 점점 더 길어지고 격렬해졌으며, 그 주기도 짧아졌다. 그와 함께 빈센트의 행동은 더 기이하고 난폭해졌다. 증세가 심해짐에 따라 규제도 더 엄격해졌다. 처음에는 요양원 내로 활동이 제한되더니 다음에는 공동 침실로, 독방으로, 침대로 한정되었다. 잠도 악몽으로 가득 찼고, 작업실로 가는 짧은 이동조차 위험으로 가득 차 있었다.

동료 환자들은 그를 두려워했다. 연대감은 사라졌다. 빈센트는

반 고흐가 입원해 있던 방

반 고흐는 쇠창살이 있기는 하지만 창문을 통해 밀밭과 찬란하게 떠오르는 태양을 볼 수 있는 방에서 머물렀다. 요양원 안에서만 머물러야 했을 때는 창밖으로 내다보이는 풍경과 정원을 그렸고, 잠시 요양원 밖으로 나갈 수 있게 되었을 때는 수행원의 동행 아래 알피유산으로 들어갔다.

예전 같지 않게 그토록 많은 미친 사람들이 지척에 있다는 사실에 불쾌해했고, 식물인간 같은 그들의 게으름도 역겨워하기 시작했다. 피해망상의 대상은 환자뿐만 아니라 직원들에까지 확대되었다. 그들이 음식에 독을 탄다고 의심했고, 자신에 대한 거짓 소문을 퍼트렸다고 확신했다. 결국 빈센트의 피해망상은 요양원 환자와 직원뿐만 아니라, 마을과 지역 전체로까지 확장되었다. 급기야 그는 탈출 계획을 세웠다. 그는 요양원의 공포로부터 벗어나기 위해 감옥이나 군대라도 가겠다고 협박조로 말했다. 그러나 떠나는 것도 두렵기는 마찬가지였다. 현실 세계에 다시 직면한다는 것은 너무나 공포스러웠다.

무엇보다 빈센트에게 야외 활동을 할 수 없다는 것은 죽음과도 같았다. 다시 수행원의 감시 아래 그림 작업을 할 수 있다는 허락을 받았을 때, 그가 처음으로 한 것은 들라크루아의 〈피에타〉와 렘브란트의 〈라파엘 천사〉를 모사하는 일이었다. 빈센트의 환각속에는 종교적 인물이 거주했다. 들라크루아가 그린, 예수를 안고 슬퍼하는 마리아의 모습은 빈센트가 아를에서 그리던 〈자장가〉를 대신했다. 무시무시한 발작 사이로 가장 위로가 된 것은 모성의 이미지였던 것이다.

빈센트는 언제부터인지 발작에서 벗어날 때면 가족에게 버림받았다는 생각과 산산이 흩어진 가족의 현실을 슬퍼하며 자책했다. 이런 기분을 달래기 위해 과거에 스크랩해 둔 복제화 화첩을 꺼내 들었다. 흑백으로 된 명화 이미지를 채색화로 바꾸어 그리기 위한 밑작업에 들어갔다. 우선 자신의 예술 행보가 시작된 지점인 밀레로 돌아갔다. 10년 전 삽화가가 되겠다는 야심을 가지고 시작한 것이 밀레의 연작 〈밭일〉을 모사하는 일이었다. 그는 밀레가 캔버스 작품으로 옮기지 않은 소묘를 컬러 유화 작업으로 옮겼다.

빈센트는 모사가 자기 그림을 그리는 것보다 자신을 더 쓸모 있게 보이게 한다고 생각했다. 더불어 나쁜 날씨와 모델 부족 때문이라고도 했다. 또한 모사 훈련은 맑은 정신과 확실한 손가락을 보장해 준다고 믿었다. 그 일은 고되지만 불가피한 일이라고 설명했다. 잃어버린 시간과 과거의 실패, 즉 성공하지 못한 불운한 작품들로 이루어진 10년을 보상할 유일한 방법이라고 여겼다. 이렇게 필사적으로 과거에 아끼던 것에 매달리는 일을 정당화하기 위해 그는 그저 이미지를 베끼는 것이 아니라 다른 언어로 번역하는 것이라고 주장했다. 더불어 밀레 모사는 이미 실패한 화가들끼리의 연대와 같은 환상을 일깨우기도 했다. 위로의 몽상이랄까?

고통 속에서 탄생한 걸작

빈센트가 귀를 자른 뒤 입원한 아를시립병원에서는 그의 병명을 '일반적 섬망 증세를 보이는 극심한 조증'이라고 진단했다. 레이 박사도 생폴드모졸요양원의 페이롱 박사에게 빈센트가 일종의 간질병에 시달린다는 견해를 전했다. 페이롱 박사는 레이 박사의 진단을 즉각적으로 신뢰했고, 빈센트가 간질병적 발작을 일으키기 쉬운 상태라고 기록했다. 그리고 환각과 환청을 동반한 급성

〈별이 빛나는 밤〉

반 고흐는 일종의 뇌전증(간질)에 시달렸다. 환각, 발작, 의식불명, 극심한 우울을 동반하는 이 병을 앓았다는 것은 그의 그림에서도 확인할 수 있다. 짙은 파란색을 배경으로 화면을 가득 채운 미로 같은 둥근 원, 소용돌이치는 구름, 굽이치는 곡선, 노란 달무리와 별무리, 역동적 터치 등이 그의 심리 상태를 드라마틱하게 보여 준다. 캔버스에 유채, 92.1×73.7센티미터, 1889, 현대미술관, 뉴욕.

광증 발작을 일으켜 자신의 귀를 자르는 자해를 했다고 덧붙였다. 생폴드모졸요양원에서 빈센트의 문제가 무엇인지 진단하려는 첫 시도가 이루어졌던 것이다.

지금까지 보아 왔듯 빈센트는 자주 느닷없이 극심한 괴로움과 두려움에 사로잡혔다. 이런 극도의 긴장과 불안은 간질, 즉 뇌전증으로 이어졌다. 뇌전증의 그리스어 어원을 보면 고대인들은 이 질병을 악령에 의해 영혼이 사로잡힌 것으로 받아들였다. 이는 어쩌면 예술가들이 동경하는, 영감을 받은 상태와 유사하다고 볼 수도 있다. 그래서인지 뇌전증을 앓은 이들 중에는 천재나 영웅, 예술가가 많다. 소크라테스, 피타고라스 같은 철학자를 비롯하여 조지 고든 바이런, 프란체스코 페트라르카, 플로베르, 도스토옙스키, 공쿠르 등의 문호도 있고, 정치인으로는 알렉산드로스, 카이사르, 나폴레옹, 음악인으로는 표트르 일리치 차이콥스키, 발명가로는 알프레드 노벨 등이 있다.

뇌전증은 조현병 현상과 유사한 환각과 편집 망상, 발작 중 폭력성, 발작 후 심한 우울감 같은 증상을 보인다. 빈센트는 뇌전증 중에서도 잠복성 뇌전증이었던 것으로 보인다. 맹렬한 작업 습관과 지나친 정신 활동으로 점철된 일상 속에서 그는 쉽게 흥분했고, 결코 한곳에 오래 머물지 못했으며, 예측할 수 없는 감정적 폭발로 주변 사람들을 놀라게 하여 멀어지게 만들었다. 더군다나 뇌전증에 의한 발작은 경우에 따라 과도한 햇볕이나 음주부터 죄책감 같은 감정에 이르기까지 어느 것에 의해서도 일어날 수 있다고 한다. 다시 말해 양심의 고통도, 고통스러운 기억도, 종교적인 강박관념도 발작을 일으킬 수 있다는 것이다. 빈센트 역시 이 모든 것을 경험했다.

발작에는 거의 항상 의식불명 상태가 뒤따른다. 깊고 불안정한 잠을 잠으로써 벌어진 일을 전혀 기억하지 못한 채 깨어나기도 한다. 뒤이어 무기력하고 무감각한 상태가 이어지고, 통렬한 후회감이 드는 몽롱한 상태가 지속된다. 빈센트도 발작 후 우울한 종교적인 생각이 엄습했고, 또한 성욕 억제도 불가능했다. 이 때문에 그는 아를에서 여자들을 희롱했고, 동네 사람들에게 위협적인 존재가 되었던 것이다. 뇌전증은 분명 조울증과 더불어 빈센트를 지배한 확실한 질병이었던 것 같다. 그래서 그의 병명을 간질성 조울증이라고도 부르는 것이다.

빈센트가 뇌전증을 앓았다는 것은 그림을 통해서도 드러난다는 연구가 있다. 오래전 독일의 정신과 의사인 베크 박사는 빈센트의 그림에는 뇌전증 환자의 발작 증상이 일어날 때 나타나는 고유하고 특징적인 이미지가 그대로 나타나 있다고 했다. 뇌에 순식간에 번갯불이 켜지는 증상이야말로 시각 예술가인 빈센트에게는 매우 경이로운 장면으로 다가왔을 것이다. 뇌전증 환자들은 발작 바로 전에는 아우라(전조) 증상을 경험하게 되는데, 이때 환자들에게 그 모양을 그려 보라고 하면 미로 같은 둥근 원으로 화면을 채우는 경우가 대부분이라는 것이다. 빈센트의 〈별이 빛나는 밤〉과 〈아를의 별이 빛나는 밤〉, 〈아를의 밤의 카페〉 등의 그림에서 보이는 소용돌이 모양은 의식을 잃을 때 마지막에 본 '무시무시한 행위로 응축된 번갯불'의 이미지가 아닐까?

이런 발작에도 불구하고 생폴드모졸요양원에서 빈센트는 에너지와 집중력을 가지고 지속적으로 많은 그림을 그렸다. 그중에서도 〈별이 빛나는 밤〉은 요양원에서 지낼 때 창 너머로 본 하늘을 드라마틱하게 표현함으로써 자신의 심리 상태를 드러낸 걸작으로 꼽힌다.

대물림되는 상처

나는 부모와 조부모, 그보다 더 먼 조상이 미처 끝내지 못한 일이나 답을 찾지 못한 질문이 내게 영향을 미친다는 것을 강하게 느낀다. 마치 가족 안에 부모에게서 자식에게로 전해지는 비인격적 카르마가 있는 것처럼 여겨질 때도 있다. 나는 늘 이전 세대가 마무리하지 못한 일을 내가 완성하거나 아니면 계속해야 한다는 느낌을 받는다.

— 카를 융, 『기억, 꿈, 사상』 중

인간의 정신이 유전된다는 카를 융의 말처럼 빈센트가 앓은 간질성 조울증과 경계선 인격 장애라는 질병은 비단 그 자신의 것만이 아니다. 빈센트의 가족 역시 비슷한 문제를 겪었다. 테오 역시 자신을 죽음으로 이끈 매독과는 별도로 우울증으로 고생했다. 남동생 코르는 짧고 불행한 결혼 생활 뒤 보어전쟁에 참가했고, 열병을 앓다가 아프리카에서 서른두 살에 총을 쏘아 자살했다. 빈센

〈자화상〉

생레미 시절에 그린 자화상으로, 혼란의 극치 속에서도 그림을 통해 스스로를 구원하려는
의지가 엿보인다. 캔버스에 유채, 43.5×57센티미터, 1889, 워싱턴국립미술관, 워싱턴.

트와 유일하게 친했던 여동생 빌레미나는 40여 년간 정신병원에 수용되었는데, 말과 음식을 거부했고 몇 차례 자살 시도를 하다가 그곳에서 사망했다. 어머니는 아무도 꺾을 수 없는 신앙과 신념으로 모든 충격과 고통을 흡수하면서 여든여덟 살까지 살았다.

> 나의 불쌍한 아우야. 우리의 우울증이나 그 밖의 것은 너무나 예술적인 우리의 생활 태도에서 말미암은 것이자 숙명적인 유산이기도 해. 지금 문명사회에서 사람은 대대로 약해지고 있기 때문이야. 만일 우리가 우리의 체질에 대한 참된 진실을 직시하기 바란다면 우리는 이미 과거에서 비롯된 신경증으로 고통을 받는다는 것을 알아야 해.
>
> ─ 빈센트 반 고흐, 『세상에서 가장 아름다운 편지』 중

빈센트는 가족사적으로 정신 질환이 있음을 넌지시 고백하고는 했다. 큰아버지인 헨드릭은 30대 때부터 간질을 겪기 시작했고, 거듭된 발작에 조기 은퇴를 한 뒤 가족들이 쉬쉬하는 가운데 일찍 사망했다. 또 한 분의 큰아버지로 제독이었던 얀도 마흔 살에 설명할 수 없는 발작을 겪었으며, 센트 큰아버지도 그러했다. 또한 빈센트의 사촌 중 최소한 두 명이 정신병의 희생자가 되었다. 얀의 아들 헨드릭은 아주 심한 간질 발작에 시달렸고, 시설로 보내져 자살한 듯하다.

생폴드모졸요양원의 의사 페이롱은 빈센트에게 일어난 질병을 "그의 가족 구성원 일부에게 일어난 일의 연속일 뿐이다"라고 기

록했다. 빈센트는 이런 의학적 진단에 오히려 홀가분한 마음이 되었다. 평생을 따라다닌 죄책감이 사라져 버리는 듯했다. 자신은 가족사적 질병의 희생자이며, 적어도 그 개인의 잘못은 아니므로.

무의식의 거대한 저장고에는 자신이 직접 겪은 트라우마에 대한 기억뿐만 아니라, 위 세대가 해결하지 못한 트라우마 경험까지 담겨 있다. 유기, 자살, 전쟁, 근친의 때 이른 죽음 등 다양한 유형과 강도의 비극이 주는 고통의 충격은 세대에서 세대로 대물림된다. 가족사에서 해결하지 못한 채로 남은 트라우마는 다음 세대에 스며들어 그들의 감정과 반응, 선택에 섞여 든다. 이렇게 조상들이 경험한 흔적을 집단 무의식이라고 부른다. 이 때문에 가족을 DNA를 공유한 운명 공동체라고 하지 않는가. 따라서 최근 트라우마에 관한 연구에서는 반복되는 고통의 패턴 뒤의 숨은 메커니즘을 이해하려면 적어도 3세대에 걸친 가족사를 탐색해야 한다고 강조한다.

슬픈 어머니와 더 슬픈 자식들

통상 자식들은 어머니 가계의 유전자를 많이 닮는다. 게다가 어머니에게서 어머니로 이어지는 양육 방식이 그대로 전달된다. 빈센트의 모든 삶의 무의식에는 어머니가 있었다. 외가의 유전적 형질은 분명 그의 일생에 아주 깊은 영향을 미쳤을 것이다. 주지하듯 어머니는 저명한 왕실 제본사의 딸로, 그림을 잘 그렸고 글솜씨도 가지고 있었다. 게다가 어머니 쪽 선조 중에는 금은세공사와

조각가가 있었다. 그러니 빈센트의 그림 재주가 대물림된 것이라면 분명 어머니 쪽에서 받은 것이겠다.

네덜란드 독립 전쟁(1567~1648)의 유혈 사태와 종교재판이라는 대혼란기를 살았던 카르벤튀스 가문은 어떤 가문보다 정신병에 취약할 만큼 위태로웠다. 외조부 빌럼 카르벤튀스는 간질과 정신병으로 사망했고, 외숙부는 자살했다. 어머니의 형제는 모두 아홉 명이었는데, 살아남은 이는 여섯 명이었다. 독신이던 둘째 언니는 정신병원에서 살다가 간질병으로 죽었고, 남동생은 자살했다.

빈센트의 어머니는 이런 비관적인 집안에서 혼란스럽고 우울하고 근심이 많은 아이로 자라났을 것이다. 유머라고는 없이 쉽사리 우울해하고, 작은 문제에 전전긍긍하며, 희망의 끝에서도 우울한 일이나 위험한 일을 상상했다. 어머니는 자연스럽게 종교에 매달렸고, 당시로서는 결혼 적령기를 넘긴 서른 살에 막내 여동생의 소개로 목사와 결혼했다. 그리고 아들을 낳았지만, 아이는 태어나자마자 죽었다.

이런 어머니의 인생은 빈센트에게 어떤 영향을 미쳤을까? 엄마가 심각한 불안을 가지고 있으면 아이는 내사introjection 작용을 통해 엄마의 불안을 그대로 흡입한다. 불안은 학습되기보다 전염된다고 보는 편이 옳다. 아이는 아직 자생력과 자기 방어 능력이 없어서 스폰지처럼 무차별적으로 양육자의 모든 것을 흡수한다. 빈센트의 경계선 인격 장애는 어머니에게서 받은 상처가 내면화된 것이다. 경계선 인격 장애가 아이의 요구에 반응하지 않거나, 종교 활동이나 다른 취미 활동에 몰두하느라고 아이를 돌보지 않은

〈피에타〉

반 고흐가 환각과 발작 속에서 가장 먼저 한 것은 페르디낭 빅토르 외젠 들라크루아의 〈피에타〉를 모사하는 것이었다. 고통 속에서 그에게 가장 위로가 된 것은 모성의 이미지였다. 캔버스에 유채, 60.5×73센티미터, 1889, 반고흐미술관, 암스테르담.

엄마를 둔 아이들에게서 많이 발생한다는 것만 보아도 알 수 있다. 어머니의 현존 여부와 상관없이 유년에 모성 박탈을 경험한 아이에게 자주 나타나는 증상인 것이다.

첫아이를 잃고 다시 임신했을 때, 어머니는 매우 심한 불안과 두려움으로 스트레스를 받았을 것이다. 뱃속에 있는 아이가 건강한 상태로 태어날지 의구심을 품었을 것이다. 첫아이가 사산아로 태어났으니 출산 뒤에도 산후 우울증을 앓았을 가능성이 크다. 임산부가 극심하고 만성적인 스트레스를 지속적으로 받으면 조산아가 태어나거나, 평균 체중에 미달하거나 과잉 행동을 보이거나 짜증을 잘 내거나 배앓이가 심한 아기를 낳을 가능성이 더 크다고 한다. 게다가 절대적 의존기라고 할 수 있는 생후 1년 내에는 엄마가 안아 주는 환경이어야 한다. 정신 병리의 근원인 유아기의 불안은 일차적으로 엄마의 불안한 성격에서 기인한다. 예컨대 불안한 엄마는 늘 강박적으로 짧은 시간 내에 많은 것을 해내려고 하는데, 아이를 지나치게 살피는 등 엄마가 쉬지 않고 번잡스러우면 아이에게 부정적 영향을 미친다. 어쩌면 빈센트의 조증도 이런 엄마에게서 온 것이 아닐까?

오로지 신앙에 의지하던 어머니 아나는 인생의 풍파가 거세질수록 점점 더 신앙에 몰입했다. 아이들이 그릇된 행동을 할 기색만 보여도 자식들을 보호해 달라고 기도했다. 모든 작은 위기에도, 혼란의 기미만 보여도 신앙적인 언동이 터져 나왔다. 혁명 직후 정신적 충격을 크게 받은 사람들에게는 안전과 안정이 최고의 덕목이었을 것이다. 아나만큼 더 그 의무에 충실한 사람도 없었다. 그녀는 의무, 체면, 절제, 침착함이야말로 행복한 삶을 보장해 준다고 믿었다. 그래서인지 부부는 작은 애정 표현마저 극도로 자제했다. 그녀는 기쁨이 찾아오면 그것을 두려워했다. 기쁜 일이 생기면 반드시 나쁜 일이 생길 것이라고 예감했다. 그래서인지 아이들은 놀랍도록 무감각하거나 둔한 모습을 보였다. 건강한 아이들의 모습이 아니었다.

반 고흐 가문의 아이들은 부모가 상정해 놓은 어떤 목표에 미치지 못할지도 모른다는 깊은 두려움 속에서 성장했다. 실패에 대한 두려움과 자책감은 오랫동안 그들을 지배했다. 자식들은 서로 하소연하며 편지를 썼다. "우리가 얼마나 아버지와 어머니를 사랑해야 하는 것일까? 나는 그분들에게 거의 쓸모가 없어." 특히 빈센트와 테오는 자신들이 쓸모없는 사람이 될까 봐 얼마나 두려워했는지 모른다.

반 고흐 가문의 아이들은 부모가 몹시 감정적, 육체적, 심리적으로 괴로워하는 것을 보고 자랐다. 그런 부모의 모습은 아이들에게 상처를 주었을 것이다. 많은 아이들은 무의식적으로 부모의 고통을 자신의 것으로 떠안는다. 자의식이 온전히 발달하지 않아 부모와 자신을 분리하는 법을 아직 알지 못하기 때문이다. 그처럼 순수한 상태에서는 부모의 불행을 해결하거나 함께함으로써 그것을 덜어 줄 수 있을 것이라고 여긴다. 그러나 이것은 환상이다. 불행은 함께 나누면 더 큰 불행으로 이어질 뿐이다. 불행을 공유하는 사례는 주변 어디에서도 찾아볼 수 있다. 공유 정신병! 슬픈 어머니와 더 슬픈 자식들!

영원한
휴식

이 남자는 미치게 되거나 아니면 시대를 앞서가게 될 것이다.

— 카미유 피사로

무산된 꿈을 이루기 위하여

1890년 5월 16일, 완치 판정을 받은 빈센트는 마침내 생레미를 떠나 파리 리옹역에 도착했다. 그는 마중 나온 테오와 함께 동생의 신혼집으로 갔다. 그때 빈센트는 처음으로 테오의 아내인 요하나와 대면했다. 그녀는 시숙인 빈센트가 병자일 것이라 예상했는데, 다부지고 건강한 혈색을 띤 모습에 놀라워했다. 오히려 테오가 형보다 훨씬 더 아파 보였다.

테오의 아파트에는 빈센트의 그림이 진열되어 있었다. 주방에는 〈감자를 먹는 사람들〉, 거실에는 〈별이 빛나는 밤〉이 걸려 있었다. 침실에는 꽃이 활짝 피어 있는 〈아를의 과수원〉이 놓여 있었다. 요람에는 빈센트의 이름을 물려받은 백일 된 아기 빈센트가 누워 있었다. 감동적인 첫 만남이었다.

빈센트는 이틀 동안 바쁘게 파리의 화랑을 돌아다녔다. 굶주린 사자처럼 다른 화가의 그림들을 보러 다녔다. 그렇지만 파리는 여전히 살 만한 곳이 못 되었다. 소음과 공해는 현기증을 일으켰고, 파리의 동료들도 자기를 반기지 않는다고 느꼈다. 결국 빈센트는 발작을 걱정하는 테오를 위해서라도 하루속히 시골로 떠나는 것이 답이라고 판단했다. 그렇게 그는 파리 도착 사흘 만에 오베르쉬르우아즈로 떠났다.

나 역시 빈센트와 마찬가지로 남프랑스 아를에서 파리로 출발했고, 며칠 뒤 파리북역에서 오베르쉬르우아즈행 기차를 탔다. 파리에서 북서쪽으로 불과 32킬로미터 떨어진 오베르쉬르우아즈는 센강의 지류인 우아즈강을 따라가다 보면 도착하게 되는 아주 작은 마을이다. 천천히 가는 삼등 열차 같은 분위기의 기차를 타고 약 한 시간 만에 도착한 아름다운 중세 도시인 그곳은 오래된 우편엽서에 나올 법한 이상적인 전원의 모델 같았다.

빈센트가 살았을 당시는 산업화로 인해 자연 파괴가 진행되고 도시로 인구가 밀집되던 시대였다. 그래서 오베르쉬르우아즈는 과거의 전원에 대한 향수를 자극하는 마을이었다. 특히 예술가들이 모여들면서 더 풍요로운 전원을 상기시키는 곳이 되었다. 이곳에는 강변에 작업실용 배를 세워 두고 스케치를 하던 것으로 유명한 도비니의 미술관도 있다. 도비니는 파리에서 태어나 당시 유명화가인 코로와의 친분으로 바르비종파에 참여했다. 도비니는 중년이 되어 우아즈강 변에서 풍경을 그리다가 1860년에 오베르쉬르우아즈에 정착했다. 그는 작지만 평화롭고 안락한 이곳으로 수많은 화가들을 불러들인 장본인이다. 피사로, 코로, 도미에, 세잔 등의 화가들도 이 마을에 화실을 두고 그림을 그렸다.

오베르쉬르우아즈의 도비니로

1890년 5월, 반 고흐는 드디어 생레미를 떠나 파리에서 가까운, 작고 평화로운 마을인 오베르 쉬르우아즈로 옮겨 갔다. 이곳은 샤를 프랑수아 도비니를 비롯하여 카미유 피사로, 오노레 도미에, 카미유 코로, 폴 세잔 등 예술가들이 특히 사랑한 마을이었다. 반 고흐는 자신이 존경한 도비니가 이곳에서 절친인 도미에와 함께 살았다는 사실에서 깊은 감명을 받았다. 그것은 바로 그 자신이 아를에서 꿈꾸었지만 무산된 이상적 공동체의 전형이었다.

바르비종파를 대표하는 밀레를 너무나 존경한 빈센트가 도비니를 좋아하지 않았을 리 없다. 언제나 자연을 흠모한 빈센트에게 자연 속에서 충분히 교감하며 작업한 도비니의 작품은 충분히 영감을 주는 것이었다. 물론 빈센트가 오베르쉬르우아즈에 왔을 때 도비니는 이미 이 세상 사람이 아니었다. 대신 12년째 검은 상복을 입고 있는 그의 부인이 집을 지키고 있었다. 빈센트는 도비니와 도미에의 우정을 부러워하여 두 사람을 오마주하기 위해 그들이 함께 지낸 집과 정원을 그림으로 세 점 남겼다.

빈센트는 오베르쉬르우아즈 시청 맞은편에 위치한 저렴한 숙소인 라부여관의 꼭대기 층 다락방에서 머물기로 했다. 그리고 1층에 있는 레스토랑에서 매일 두 끼의 식사를 해결했다. 현재 관광객들에게 공개되어 있는 라부여관은 빈센트가 머물던 당시와 비교해도 거의 변하지 않았다. 약 10년 전에는 네덜란드의 사업가가 이곳을 사들여 기념관으로 새롭게 단장하고 고급 레스토랑을 개업했다. 빈센트가 마지막 나날을 보낸 여관과 식당도 리모델링을 했지만, 다행스럽게도 여전히 그를 추억하기에 손색이 없는 공간임에 틀림없다.

오베르쉬르우아즈에 사로잡혀 마음이 들뜬 빈센트는 그곳에 오자마자 해가 지기 전까지 마을을 돌아다닐 수 있었고, 자신을 따라다니던 끔찍한 소문이 없는 곳에서 새롭게 시작할 수 있었다. 빈센트의 일일 계획표에 따르면 새벽 5시에 일어나 야외에 나가 그림을 그리다가 점심을 먹으러 여관으로 돌아왔고, 오후에는 뒷방이나 폴 가셰 박사의 집에서 작업했다. 그는 주로 마을의 골목을 돌아다니며 정원, 집, 다리, 평야, 나무, 채소밭과 밀밭을 그렸다. 숙소로 돌아와서는 초상화를 그렸고, 9시가 되어서야 잠들었다. 오베르쉬르우아즈에 머물던 5월 중순부터 7월 하순까지 약 70일 동안 그는 80~100점의 작품을 완성했다. 하루에 한 점 이상을 그린 셈이다.

어쩌면 빈센트의 오베르쉬르우아즈행은 단순히 정신 치료를 위한 것만이 아니라, 아를에서 무산된 꿈인 화가 공동체 혹은 가족 공동체를 실현할 수 있으리라는 기대도 한몫했다. 특히 테오의 아내와 아들까지 생기다 보니 어릴 때부터 꿈꾸어 온, 그림이 가득한 시골집에서 가족 공동체를 이루어 살고 싶다는 바람이 되살아났던 것이다.

예술을 사랑한 의사

빈센트가 오베르쉬르우아즈로 오게 된 것은 인상주의의 대부인 피사로가 정신과 의사인 가셰를 소개해 주었기 때문이다. 가셰 박사는 의사이면서도 아마추어 화가 겸 미술품 수집가였다. 당대 유명한 살페트리에르병원에서 일했던 그는 동종요법 전문가였다. 이에 그는 가셰 블랑슈 드 메진이라는 필명으로 의학과 예술 비평에 관한 책을 출간하기도 했다. 화가로 활동할 때는 폴 반 라이젤이라는 이름으로 활동했다. 무려 세 가지 이름으로 활동한 것인데, 그가 얼마나 다재다능하고 복잡한 인물인지를 가늠하게 한다.

라부여관

반 고흐는 오베르쉬르우아즈 시청 맞은편에 있던 라부여관 꼭대기층의 다락방에서 머물렀다. 작고 좁은 방이었지만 햇빛이 잘 들어와 나쁘지 않았다. 그는 1890년 5월 중순에서 7월 하순까지 이곳에서 지내는 동안 100점 가까운 그림을 그리며 마지막 예술혼을 뜨겁게 불살랐다.

강력한 예술 애호가이던 가셰는 화가들과의 친분도 두터워 피사로와 피에르 오귀스트 르누아르 가족의 주치의 역할을 하기도 했다. 매독으로 썩어 가는 마네에게는 다리를 잘라서는 안 된다고 충고했는데, 마네가 이를 무시하고 수술을 받은 뒤 18일 만에 죽자 그의 명성과 권위는 더욱 높아졌다. 우울증에 관한 논문도 여러 편 썼으며, 골상학이나 수상학도 연구하여 관상만으로 사람의 질병과 사인을 알아낼 수 있다고 생각했다. 또한 요도 장애를 치료하는 전기 기구를 개발했고, 약초에서 추출한 류머티즘 약과 상처 치료제도 만들었는데, 사람들은 이를 '가셰 박사의 보약'이라고 불렀다. 그는 해부학 연구에 필요한 시신을 기증받기 위해 회원 모집에 열을 올리기도 했다. 특히 예술가의 뇌와 심장 해부는 의학 발전에 크게 기여한다며 친한 예술가들에게 이 찬조회에 가입하라고 강력히 권했다. 그뿐만 아니라 무료 진료소를 차려 빈민 환자들을 보살피는 등 진료실 밖에서도 활발한 활동을 했다.

피사로가 빈센트에게 특별히 가셰 박사를 소개해 준 이유는 그가 40년간 정신과 의사로 일해 오면서 누구보다 예술가들이 겪는 신체적, 정신적 고통을 돌보아 온 사실을 잘 알고 있었기 때문이다. 빈센트가 가셰 박사를 처음 보았을 때 박사는 그저 무심하고 산만한 예순 살의 늙은 의사였을 뿐이다. 가셰를 만난 빈센트는 실망한 나머지 암울한 기분으로 테오에게 "가셰 박사도 나만큼이나 미친 사람이다. 그래서 그를 너무 의지해서는 안 되겠다. 장님이 또 다른 장님을 인도하면 두 사람 모두 도랑에 빠지지 않겠느냐"라고 썼다.

그러면서도 빈센트는 가셰와 금세 친해졌다. 처음에는 그를 그다지 존경하지 않았지만, 점차 우정이 싹트기 시작했다. 빈센트는 가셰가 자기 형제와 신체적, 정신적으로 많이 닮았다고 강조했다. 아마추어 미술평론가이자 화가인 가셰는 그림에 대해 아는 것도 많았고, 빈센트의 작업에도 깊은 공감을 드러냈다. 그는 빈센트의 작품을 보기 위해 일주일에 두세 차례 라부여관의 작업실을 방문했다. 때로는 집으로 초대하여 작업을 할 수 있게 해 주었고, 묵어가게도 했다. 빈센트는 아내를 잃고 혼자 지내는 가셰의 두 자식인 스물한 살의 마르그리트와 열여섯 살인 폴과도 친구가 되었다. 가셰 집에서 함께한 저녁 식사는 예전의 다정했던 가족의 친밀감과 연대감을 상기시켰다.

가셰 역시 허름한 부랑자 이미지의 빈센트가 단박에 재능이 탁월한 사람이라는 것을 알아챘다. 그러나 두 사람의 관계는 두 달만에 소원해지기 시작했다. 끊임없이 무엇인가를 요구하는 빈센트와 무심한 듯 신경질적인 가셰는 충돌할 수밖에 없었다. 가셰는 자주 오베르쉬르우아즈를 비웠는데, 빈센트는 위급한 상황에 그를 의지할 수 없다는 생각에 화가 났다. 가셰 역시 빈센트의 이상한 행동과 미술에 대한 과격한 견해, 그리고 무엇보다 딸 마르그리트에 대한 관심이 신경 쓰였다.

빈센트가 죽음을 4주 남겨 놓고 테오에게 보낸 편지를 보면 아마 가셰의 딸과 모종의 관계가 시작되었던 것은 아닌가 생각된다. "나한테 여자가 생길 줄은 정말 꿈에도 몰랐어. 내 나이가 40이라고 말하는 게 두려울 뿐이야. 차라리 아무 말도 말자. 모르겠어. 정

폴 가셰의 집

오베르쉬르우아즈에 온 반 고흐는 카미유 피사로의 소개로 정신과 의사이자 예술 애호가인 폴 가셰와 왕래했다. 예술가들과의 친분이 두터웠던 가셰는 누구보다도 그들의 고통을 잘 알고 있었으며, 반 고흐의 탁월한 재능도 단박에 알아보고 그의 작업에 깊은 관심을 보였다. 그래서 자주 라부여관을 방문하거나, 반 고흐를 자신의 집으로 초대했다.

말 모르겠어. 어떤 삶의 전환이 나를 기다리고 있을지." 항간에는 가셰가 자신의 딸과 빈센트가 가까워진다고 생각하자 모욕적인 욕설을 퍼부었기 때문이라는 이야기가 나돌았다. 가셰는 이를 부정했고, 그의 아들 폴은 누이는 한쪽 귀가 떨어져 나간 빈센트를 멀리했다고 변호했다.

폴은 두 사람의 최종적인 결별은 아르망 기요맹의 그림에 틀을 씌우라는 빈센트와, 그것을 거부하는 가셰 사이의 논쟁 때문이라고 했다. 빈센트는 가셰의 집에 처음 왔을 때, 동료 화가 기요맹의 작품인 〈나부〉를 보고 매우 기뻐했다. 그러나 방치되어 있는 것을 안타까워한 빈센트는 가셰에게 액자에 담아 잘 보관하라고 충고했다. 그런데 다시 방문했을 때 여전히 방치되어 있는 그림을 보고 그만 격분한 것. 화가 나면 참지 못하는 빈센트가 네덜란드어로 소리를 지르며 호주머니에 손을 넣었고, 가셰도 맞서서 그를 노려보았다. 가셰는 빈센트가 호주머니에 손을 넣은 것은 권총을 꺼내기 위해서라고 여긴 것 같다. 이후 빈센트는 가셰의 집을 찾지 않았다. 빈센트는 이 사건을 그의 인생에서 자주 일어난 익숙한 거절과 배반이라고 생각했다.

우리 시대 슬픔의 표정

이런 사건이 있기 전 두 사람의 사이가 좋았을 때, 빈센트는 가셰의 초상을 그렸다. 그는 가셰가 의사보다 모델로서 더 매력적이

〈정원에 있는 마르그리트 가세〉
가세는 아내와 사별한 뒤 딸 마르그리트와 아들 폴과 같이 살고 있었다. 가세와 가깝게 지내
게 된 반 고흐는 그의 자녀들과도 친구가 되었다. 특히 마르그리트는 잠시 동안이나마 그에게
기댈 언덕이 되어 주었다. 캔버스에 유채, 55×46센티미터, 1890, 오르세미술관, 파리.

라고 생각했다. 가셰는 가난한 빈센트를 위해 종종 진료비를 그림으로 대신 받기도 했다. 초상화 속 가셰는 슬픈 표정을 하고 있는데, 1875년에 아내와 사별한 뒤 우울증에 시달리고 있었다. 빈센트는 그가 근심으로 경직된 얼굴로 노이로제를 앓고 있고, 자기보다 더 아프거나 최소한 자기와 비슷하게 아픈 사람으로 보인다고 묘사했다. 빈센트는 가셰의 찌푸린 얼굴을 차분한 분위기의 옛 초상화와 대조하고자 했다. 빈센트는 고갱에게 이 초상화를 두고 "우리 시대 슬픔의 표정"이라고 썼다.

가셰가 손에 들고 있는 풀은 디기탈리스라는 것으로, 흔히 폭스글로브라 불리는 약초다. 이는 그가 동종요법을 사용한 의사임을 보여 준다. 현재 디기탈리스는 강심제로서 순환기 내과에서 심장 기능 상실이나 심방세동과 같은 부정맥 환자들에게 주로 처방되는데, 당시에는 정신 질환과 간질 발작을 치료하기 위해 주로 사용되었다. 이 약초의 주요 부작용 중의 하나가 황시증, 즉 노란색 환영이 보이는 것이다. 디기탈리스를 과용하면 사물의 주위로 노란색 혹은 녹색의 안개 같은 잔상이 보이는 부작용을 초래하며, 별 주위로 노란색의 코로나를 느끼게 되는 경우가 많다. 다른 부작용 중 하나는 음식 불내성, 즉 특정 음식이 인체 내에서 제대로 소화 흡수가 안 되는 증상이다. 이로 인해 영양실조와 굶주림에 시달린다.

가셰는 자신의 모습을 그린 이 작품을 매우 마음에 들어했고, 같은 그림을 또 그려 달라고 부탁해서 두 점의 걸작 초상화를 탄생하게 했다. 유감스럽게도 첫 번째로 그린 것은 개인 소장이라서

<〈의사 가셰의 초상〉>

〈의사 가셰의 초상〉

반 고흐는 가셰의 초상을 두 점 그렸다. 그는 아내와 사별한 뒤 우울증에 시달리고 있던 가셰를 보면서 자기와 비슷하게 아픈 사람이라고 느꼈다. 그래서인지 초상화 속 가셰의 표정도 슬프고 무기력해 보인다. 가셰는 반 고흐가 그린 자신의 초상을 좋아하여 같은 그림을 또 그려 달라고 했다. 이 그림은 바로 두 번째 그린 것이다. 캔버스에 유채, 56×67센티미터, 1890, 오르세미술관, 파리.

대중이 볼 수가 없고, 두 번째 그린 것은 가셰 가족의 기증으로 오르세미술관에서 볼 수 있다.

가셰는 어떤 사람이었을까? 조카와 몇몇 친구와 환자들은 그를 위대한 박애주의 의사이자 예술과 학문을 숭상한, 당대 최고의 독창적인 인물이라고 칭송했다. 반면 그를 오지랖이 넓은 마법사이자 연금술사인 동시에 돌팔이 의사로 평가하는 사람도 적지 않았다. 프랑스의 극작가이자 배우인 앙토냉 아르토는 『반 고흐』*라는 책에서 가셰를 아주 냉정하게 비판했다.

> 미술사에서 가셰 박사는 신이 내린 반 고흐 위로자, 그리고 이 세상에서 만났던 마지막 친구의 모습으로 등장하고 있지만, 실제로 가셰는 피와 고름이 가득 찬 주머니를 들고 가엾은 반 고흐 옆에 앉아 건강한 생각을 앗아 가는 무시무시한 케르베로스(그리스 신화에서 지옥을 지키는 머리 셋 달린 개)였다.
>
> — 앙토냉 아르토, 『나는 고흐의 자연을 다시 본다』 중

아르토는 가셰와 그의 가족이 반 고흐의 육체적, 정신적 건강에는 관심이 없고 그의 천재적인 작품에만 관심을 가졌다고 지적했다. 가셰의 아들 폴에 대해서도 '지독한 거짓말쟁이'이며 자기 아버지의 허물을 덮고 미화하기 위해 평생 자기 기억을 변조했다고 비난했다.

---

* 국내에서는 『나는 고흐의 자연을 다시 본다』라는 제목으로 출간되었다.

은밀한 거래

오베르쉬르우아즈의 주민들은 한 기이한 이방인에 대해 아를 사람들보다 훨씬 가혹하게 대했다. 카페에서 그를 보면 피했고, 그가 거리에서 말을 걸며 포즈를 취해 달라고 간청하면 달아났다. 마을 사람들은 대부분 아를이나 생레미에서 일어난 사건은 몰라도 흉측하게 잘린 그의 귀는 쉽게 볼 수 있었기 때문이다. 아를 사람들보다 지성적인 오베르쉬르우아즈 사람도 빈센트의 부랑자 같은 외모, 덥수룩한 수염, 다듬지 않은 머리, 가늠하기 힘든 억양에 거부감을 느꼈다. 이 모든 것은 정처 없이 떠돌아다니던 빈센트의 거친 삶을 요약해 준다.

그런 빈센트는 어디를 가도 10대 소년들의 관심 대상이 되었다. 허름한 옷에 낡은 화구를 들고 다니는 그는 마치 미친 부랑아처럼 보였다. 동네마다 어린아이들은 물론 건달마저 그를 쫓아다니며 미친놈이라고 외쳐 댔다.

그런 아이들 중 파리에서 학교를 다니다가 휴가를 보내기 위해서 오베르쉬르우아즈에 온 중산층 집안 자제들이 있었다. 소년들의 우두머리는 부유한 약사 아들인 열여섯 살의 르네 세크레탕이었다. 오베르쉬르우아즈에 별장이 있어서 해마다 6월쯤 낚시철이 시작될 때면 어김없이 나타났다. 파리에서 일류 고등학교에 다니던 르네는 사냥이나 낚시를 위해 수업을 빼먹기도 한 열렬한 야외 활동 애호가였다. 그 나이대 청소년들이 그렇듯 르네 역시 여자 나체에도 흠뻑 빠져 있었다. 르네에게는 열아홉 살의 형 가스통이

〈오베르쉬르우아즈의 포도밭〉

오베르쉬르우아즈 시절, 반 고흐는 오전에는 주로 야외로 나가 그림을 그렸는데, 마을 여기저기를 쏘다니며 주로 정원, 다리, 나무, 집, 밀밭, 포도밭 등을 그렸다. 캔버스에 유채, 79.5×64.2센티미터, 1890, 세인트루이스미술관, 세이트루이스.

있었는데, 화가 지망생이던 형은 동생과는 달리 시적인 감수성을 지닌 청년이었다. 가스통은 빈센트가 들려주는 파리 미술계와 전위미술에 대한 이야기에 매혹되었다. 빈센트도 미술에 대한 가스통의 생각이 남다르다고 느꼈다.

르네와 그 무리는 낯선 이방인인 빈센트를 상대로 장난과 도발을 하기 시작했다. 그들은 빈센트의 커피에 소금을 넣거나 물감 상자에 뱀을 넣었다. 마른 붓을 빠는 버릇이 있었던 빈센트의 붓에 고춧가루를 묻혀 놓기도 했다. 다른 한편으로는 가난한 빈센트에게 술을 사 주기도 했고, 외설물 잡지를 가져와 그를 흥분시키기도 했다. 물랭루즈의 무희 같은 파리 여자들과 함께하는 소풍에 초대했고, 여자들에게 키스하고 애무하면서 빈센트를 고문했다. 빈센트의 주머니에서 성적인 사진과 책을 목격한 르네는 빈센트를 도발하도록 여자들을 부추겼다. 빈센트는 거부하는 동시에 흥분했다. 르네는 빈센트가 숲속에서 자위하는 모습을 목격하기도 했다. 이 수치스러운 마주침은 훨씬 더 잔인하게 조롱하고 괴롭히기 위한 빌미를 제공했다. 빈센트를 성나게 만드는 일이 점점 더 수월해졌다. 어떤 날은 빈센트도 불같이 분노하여 모두를 죽이고 싶어 했다.

그럼에도 빈센트는 르네가 이끄는 패거리를 피하는 동시에 기꺼이 괴롭힘을 당해 주었다. 짓궂은 르네를 참아 준 것은 가스통과의 우정을 위해서였을 것이다. 게다가 술집의 외상값을 갚아 주는 그 형제를 고맙게 여겼을 것이다. 가장 중요한 것은 르네가 빈센트에게 여자를 제공했다는 것이다. 르네는 사창가가 없는 오베르쉬르우아즈에서 여자를 제공해 주는 유일한 사람이었다. 그러니 한창 젊은 빈센트로서는 갑질을 당하면서도 져 줄 수밖에 없었던 것이다.

슬픔은 영원히 계속된다

여름 무더위가 한창인 1890년 7월 27일 일요일, 빈센트는 오전 작업을 끝내고 점심을 먹으러 라부여관으로 돌아왔다. 식사가 끝나자 물감과 붓이 든 주머니와 이젤을 어깨에 메고 다시 작업하러 나갔다. 몇 시간이 지나 해가 진 뒤 빈센트는 여관으로 돌아왔다. 여관 주인 라부의 가족과 다른 투숙객들은 야외에서 저녁 식사를 한 뒤 카페 테라스에게 한가한 시간을 보내고 있었다. 여관을 나설 때와는 달리 빈손으로 돌아온 빈센트는 배를 움켜잡고 다리를 저는 듯했고, 더운 여름날에 어울리지 않게 재킷 단추가 모두 채워져 있었다. 빈센트는 한마디 말도 없이 그들을 지나쳐 방으로 올라갔다. 아무래도 투숙객의 이상한 행동이 걱정된 라부가 다락방으로 올라갔다. 그리고 고통스러운 듯 신음 소리를 내며 몸을 웅크린 채 침대에 누워 있는 빈센트를 발견했다. 라부는 무슨 문제가 있냐고 물었다. 빈센트는 셔츠를 올리고 갈비뼈 아래 작은 구멍을 보여 주며 대답했다. "자해했소."

마침 여름휴가를 보내러 파리에서 온 산부인과 의사 마제리 박사가 빈센트의 상처를 검진했다. 이어 뒤늦게 가셰 박사가 9시가 조금 지나 도착했다. 아들과 함께 낚시를 갔다가 사건 소식을 듣고 달려온 것이다. 그들이 라부여관에 도착했을 때는 마제리가 응급 처치를 끝낸 상태였다.

놀랍게도 빈센트는 의식이 또렷한 채로 파이프 담배를 피우고 있었다. 그는 배에서 총알을 꺼내 달라고 요구했다. "누가 내 배를 갈라 줄 사람 없소?" 두 사람 모두 외과 의사가 아니어서 엄두를 내지 못했다. 그렇다고 빈센트를 파리의 병원으로 옮기는 것은 더 큰 위험이 따른다고 판단했다. 두 의사는 당장은 그리 위급한 상태가 아니며 고통이 심하지 않다고 진단하고는 다락방을 떠났다. 그러나 빈센트의 몸 상태는 점점 나빠져 갔다. 그날 밤 빈센트 옆방을 쓰던, 네덜란드에서 온 젊은 화가 히르스히흐는 밤새 비명 소리를 들어야만 했다.

가셰는 이 일을 테오에게 알리려 했지만, 빈센트는 테오의 주소를 알려 주지 않으려 했다. 결국 다음 날 아침 히르스히흐를 파리로 급파하여 편지를 전해 주기로 했다. 테오는 다음 날인 7월 28일 한낮에 도착했다. 과거에 온갖 충격적인 일을 겪었지만 자살 가능성이 담긴 이번 소식만큼은 심상치 않게 느껴졌다. 오베르쉬르우아즈행 기차 안에서의 테오 심리는 공포 그 자체였다. 사태의 심각성을 예견한 테오는 도착하자마자 급히 빈센트의 방으로 올라갔다. 담배를 피우는 형을 보자 만감이 교차해 왈칵 울음을 터뜨리고 말았다. 테오를 본 빈센트의 첫마디는 "또 실패했다. 이번에는 꼭 죽고 싶었는데……"였다. 그러고는 오히려 한탄하며 울부짖은 테오를 위로했다. "울지 마, 모두를 위해서 한 짓이야."

형제는 얼싸안았고, 네덜란드어로 열띤 대화를 나누었다. 빈센트는 낮은 철제 침대에 누워서, 테오는 밀짚 의자에 앉아서 밤이 될 때까지 계속 이야기를 나누었다. 빈센트는 가쁜 숨을 쉬었다가 기력을 잃었다가 고통스러워하기를 반복했다. 그는 자기 상태가 어떤지 테오에게 물었다. 테오는 가셰가 회복될 것이라고 했다며 전했다. 빈센트는 그것은 무리한 바람이며 "슬픔은 영원히 계속된다"라고 체념한 듯 묘한 말을 내뱉었다.

해가 지고 다락방의 열기가 식기 시작하면서 대화도 휴식도 힘겨워졌다. 빈센트의 상처는 아물지 않았다. 그의 숨은 좀 더 얕아지고 가빠졌다. 가슴이 마구 뛰었다. 피부에서 색과 온기가 빠져나갔다. 여러 번 발작을 일으켰고 숨이 넘어갈 듯 보였다. 테오에게 연락을 받은 가셰 박사가 달려왔고, 임종 직전의 빈센트 얼굴을 그렸다.

7월 29일 자정 무렵, 빈센트는 동생 품에 안겨 힘겹게 마지막 말을 내뱉었다. "이렇게 죽고 싶구나." 그는 30분쯤 더 그렇게 누워 있었다. 새벽 1시 30분쯤 두 눈을 크게 뜬 채 그의 광적인 가슴이 멈추었다. 자기가 스스로 총을 쏘았다고만 이야기하고 총기의 출처나 사건 장소를 전혀 밝히지 않은 채 세상을 떠났다. 테오와 라부가 빈센트의 사망계를 시청에 제출했다.

반 고흐의 마지막 방

1890년 7월 29일 새벽, 서른일곱 살의 반 고흐는 라부여관의 다락방에서 마지막 숨을 내쉬고는 평생 불화한 이승의 삶과 작별했다. 다음 날, 그가 지상에서 마지막으로 머물렀던 이 다락방이 있는 라부여관 로비에서 장례식이자 첫 개인전이 열렸다. 오베르쉬르우아즈에서 그린 그의 그림들이 벽에 빽빽하게 걸렸다. 이곳은 문상객들이 들고 온 노란 꽃으로 인해 금세 찬란한 노란빛으로 물들었다.

장례식장에서 열린 첫 개인전

테오는 잠시 슬픔을 거두고 새로운 사명감으로 사망 신고를 마쳤다. 살아서 갖추지 못한 형의 위엄을 죽어서라도 세워 주어야 한다고 생각했다. 테오는 목수에게 관을 부탁한 뒤 성당의 신부를 찾아가 장례식을 부탁했다. 신부는 자살한 사람의 장례식을 성당에서 치르는 것은 불가능하고 교구의 장례용 마차도 빌려 줄 수 없다고 거절했다. 하는 수 없이 라부여관에서 장례를 치르기로 결정했다. 더불어 장례식장에서 전시회를 개최하기로 하고 서둘러 부고장 겸 초대장을 만들었다.

라부여관 로비 중앙에 관을 안치하고 그 앞에 팔레트와 붓, 이젤과 접는 의자를 놓았다. 벽에는 오베르쉬르우아즈에서 그린 그림을 빈자리 없이 빽빽이 걸었다. 네덜란드 풍습대로 꽃과 화초를 이용해서 관 주변을 장식했다. 가셰가 해바라기 꽃다발을 들고 왔고, 다른 문상객들도 노란꽃을 가지고 와 방 안은 금세 찬란한 노란빛으로 물들었다. 노란색은 빈센트가 목숨을 걸고 구하려고 한 색채이자 항상 꿈꾸어 온 빛의 상징이기도 했으니 묘한 분위기가 연출되었을 것이다. 7월 30일 오후 2시 30분, 이렇게 빈센트의 첫 개인전이자 마지막 전시회가 열렸다.

조문객도 속속 도착했다. 탕기 영감, 베르나르, 라발, 피사로의 아들 뤼시앵 피사로 등이 왔다. 가족 중에서는 테오 부부와 테오의 처남인 안드레아스 봉어르 외에는 아무도 오지 않았다. 빈센트가 그렇게 인정받고 싶어 한 어머니는 끝내 나타나지 않았다. 브르타뉴에 머물고 있던 고갱도 참석하지 못했다. 가셰가 주민들을 데려왔는데, 그들 중에는 살아생전 빈센트를 피한 화가들도 있었다.

여름의 태양 아래 장례 행렬은 무덤을 향해 출발했다. 종교의식은 생략하고 마을 변두리의 밀밭 가장자리에 있는 작은 공동묘지에 안장했다. 조성된 지 얼마 안 된 묘지는 조금 높은 곳에 위치해 있어서 넓고 푸른 하늘 아래 펼쳐진 들판이 내려다보였다. 양옆으로 밀밭이 펼쳐진 곳이었으니 빈센트에게는 익숙한 장소였을 것이다.

가셰가 테오의 요청에 따라 몇 마디 막연한 찬사를 내뱉었다. "그는 정직한 사람이고 위대한 예술가였습니다. 그가 무엇보다 소중히 여긴 것은 예술이었습니다. 그것이 그의 이름을 살아남게 할 것입니다." 테오는 감정에 목이 메어 진심으로 고마움을 표했지만 조사를 하지는 않았다. 테오 부부가 첫 삽을 떠서 무덤에 흙을 던졌다. 테오는 비통함을 참지 못하고 황무지에 서서 흐느꼈다. 장례를 마치고 여관으로 돌아온 테오는 빈센트의 그림을 지인들에게 추억의 유품으로 주었다. 라부여관 주인은 딸의 초상화와 오베르시청 그림만을 요구했고, 가셰 부자는 가지고 싶었던 약 30점의 그림을 차지했다.

죽음보다 사는 것이 더 힘겹지 않소

빈센트는 살아 있을 때, 분명 자신의 몸속의 총알을 제거해 달

〈구름 낀 하늘 아래의 밀밭〉

반 고흐가 죽기 몇 주 전에 그린 것으로, 〈까마귀가 나는 밀밭〉 등과 함께 오베르쉬르우아즈
의 들판에서 그린 거대한 풍경화 중 하나다. 그는 시골 생활을 하면서 자신이 얼마나 건강해
졌는지를 보여 주기 위해 이 그림들을 어서 파리로 가져가고 싶어 했지만 스스로 생을 마감함
으로써 그러지 못했다. 캔버스에 유채, 101.3×50.4센티미터, 1890, 반고흐미술관, 암스테르담.

라고 요청했다. 죽고 싶지 않다는 말이다. 의사들, 특히 가셰는 빈센트의 죽음을 방기했다는 비난에서 자유롭지 못하다. 그는 총상을 입은 빈센트를 외과 의사에게 응급수술을 받게 해야 마땅했다. 그렇게 했다면 충분히 살릴 수 있었을 것이다. 사실 가셰는 정신과 의사라 외과 수술은 반대하는 입장이었다. 그렇지만 상식적으로 정신 치료와 외과 치료를 구분하지 못한다는 것은 이해할 수 없는 일이다. 총알이 뱃속에 있는 환자를 두고 집으로 돌아갔다는 것은 분명 직무 유기요 과실치사다. 오베르쉬르우아즈에서 가까운 퐁투아즈에 외과 병원이 있었는데도 보내지 않았다는 것은 도저히 이해할 수 없다.

가셰는 그렇다 하더라도 사건이 일어난 뒤 이튿날 도착한 테오는 형의 상태가 호전될 것이라고 생각한 것일까? 괜찮을 것이라는 의사들의 말을 그저 순진하게 믿었던 것일까? 테오는 분명 형의 상태를 너무 낙관했다. 분명 이튿날 저녁에 호흡이 가빠 오고 죽음의 문턱을 들락날락하는 빈센트를 테오마저 방치했다는 것은 무엇을 의미할까? 집안의 말썽이자 재앙인 형을 가족의 바람대로 죽도록 방치한 것일까? 당시 테오의 육체적, 정신적 건강도 엄청나게 나빴음을 감안할 때, 형을 살리기에는 너무도 무력한 상태였을까? 그래서 형을 먼저 저세상으로 보낸 것일까? 진정 고통을 받는 형이 먼저 영원한 휴식에 들어가기를 원했던 것일까?

빈센트의 죽음은 단순한 자살 시도의 결과가 아님이 속속들이 밝혀졌다. 테오 역시 총상을 입고 누워 있던 형의 침상 옆에서 아내에게 편지를 쓰면서 형이 자살 시도를 했다거나 자살 시도가 의

심된다는 암시를 하지 않았다. 빈센트의 방이나 작업실에도 자살 조짐을 나타내는 어떤 것도 없었다. 작별의 쪽지도 남기지 않았다. 깨끗이 정리해 놓지도 않았다. 가장 최근에 보낸 편지에서는 자신감에 찬 기분과 시골 생활에 대한 밝은 스케치로 가득 차 있었다. 겨우 며칠 전에 물감과 재료를 대량으로 주문하기까지 했다. 그것은 삶을 마감하려고 계획하는 사람의 행동이라고 보기는 어렵다.

오히려 빈센트는 자살을 극구 반대해 왔다. 자살은 사악하고 끔찍하며, 비난을 두려워하는 겁쟁이가 하는 짓이고, 삶의 아름다움과 예술의 숭고함에 대한 범죄라고 했다. 자살이란 "불성실한 자의 행위"라고 말한 밀레의 금언을 이용하여 자기는 그런 성향을 가진 사람이 아니라고 주장했다.

그렇다고 빈센트가 자살을 생각한 적이 없었다고 단언할 수는 없다. 때때로 그는 아무에게도 쓸모없다고 느껴진다면 없어지겠다고 말했으니까. 그가 죽음을 경건하게 소망하던 때가 있었다. 바로 삶에 대한 공포감과 혐오감에 휩싸여 그것에 시달리느니 죽는 것이 낫다고 여길 때였다. 특히 발작이 일어난 뒤 재발의 두려움에 떨 때가 그랬다. 이렇듯 그에게도 죽음에 대한 환영이 몰아닥쳤지만 그때조차도 자신에게 죽음을 부여할 용기는 없었다.

그러나 죽음은 오래전부터 빈센트를 사로잡았을지도 모른다. 편지 곳곳에 죽음에 대한 생각이 나타나 있다. 영국 시절에 보낸 편지에서는 "죽음에 대한 생각은 나를 기운 나게 했고, 가슴이 타오르게 했다"라고 썼다. 한때 묘지에서 오랜 시간을 보냈으며, 시

ICI REPOSE
VINCENT van GOGH
1853-

체를 그리고 싶어 한 적도 있다. 장례식과 역병에 관한 이미지, 시신을 묘사한 그림을 소중히 여겼다. 죽은 자의 얼굴에서 평온함을 보았고, 그들이 "우리가 계속해서 지고 가야 하는 인생의 짐"으로부터 자유로워진 것을 부러워했다. 아버지의 장례식에서는 "죽음은 힘겹죠. 그러나 사는 것은 더 힘겹지 않소"라고 어느 문상객에게 대꾸하기도 했다.

거듭되는 실패와 가난, 죄책감, 고독감, 광기로 점철된 오랜 세월은 그에게 죽음의 다른 얼굴을 보여 주었다. 그는 예술만이 죽음을 위로한다고 결론 내렸다. 그러나 그림만으로는 충분하지 않았다는 것을 그의 죽음이 보여 주는 것은 아닐까? 빈센트는 의심하고 회의했다. "화가는 횃불을 후세에 넘겨줌으로써 자신을 불멸하게 하지. 하지만 그뿐일까?" 그런 의미에서 그가 자살을 했는지, 방조된 사회적 타살인지는 중요하지 않다. 그의 죽음에는 진실과 허구를 넘어선 어떤 가능성 같은 것이 있다. 그는 저 너머 세상, 즉 마침내 공허한 어리석음과 삶의 무의미한 고통으로부터 자유로워질 수 있는 곳이 있다는 가능성 없이는 살아갈 수 없었던 것이리라.

반 고흐의 묘지

1890년 7월 30일, 반 고흐는 오베르쉬르우아즈의 밀밭 가장자리에 있는 작은 공동묘지에 묻혔다. 드넓게 펼쳐진 하늘과 밀밭이 내려다보이는, 해가 잘 드는 언덕에 위치한 그곳은 반 고흐에게도 익숙한 장소였을 것이다. 이제 그는 전 세계인들로부터 사랑받는 화가가 되었지만, 그런 영광이 무색하게도 그가 묻힌 자리는 아주 소박하고 쓸쓸하다. 마치 그의 생이 그러했듯이.

죽음의 트리거, 최후의 순교인가?

빈센트는 자신의 총상에 대해 어떤 정확한 메시지도 전하지 않은 채 사망했다. 1890년 7월 27일, 라부여관에서 점심 식사를 한 뒤 저녁나절에 총상을 입고 돌아올 때까지 대여섯 시간 사이에 무슨 일이 벌어졌는지 아는 사람은 아무도 없다. 당시 경찰은 간단히 조사를 마쳤다. 그날 일어난 사건에 증인으로 나선 사람이 없었기 때문이다. 그의 이젤, 캔버스, 화구통은 사라져 버렸다. 총도 발견되지 않았다. 총은 누구의 것인가? 어떻게 습득하게 된 것일까? 왜 자신을 쏘려 했을까? 그리고 자살하려면 머리를 쏘아야 하는데 왜 가슴을 겨냥했을까?

다음 날 아침, 오베르쉬르우아즈는 소문으로 들썩거렸다. 누군가가 어스름 녘에 빈센트가 큰길에서 살짝 벗어난, 담이 둘러쳐진 농장 안마당으로 들어가는 것을 보았다고 했다. 그는 마치 누군가를 만나려는 듯, 혹은 보이지 않는 동행에게 붙들린 양 거름더미 뒤로 몸을 감추었다는 것이다. 소문에 따르면 치명적인 총탄이 발사된 곳도 바로 그 농장 안마당이었다는 것이다. 그렇다면 빈센트가 거름더미와 라부여관 사이의 평지로 다친 몸을 끌고 왔을 수도 있다.

당시 오베르쉬르우아즈에서 빈센트가 총을 소지한 것을 본 사람은 없었다. 그에게 총을 주거나 팔거나 빌려 주었다고 인정한 사람도 없었다. 그렇지만 총에 대한 이야기는 분분했다. 그가 들판에서 까마귀들을 겁주어 쫓아 버리려고 여관 주인인 라부에게 빌렸다는 소문도 있었다. 그 총으로 사람을 위협한 적도 있다는 주장도 있었다. 발사 사건 이후 경찰은 마을 사람들의 총을 모조리 검사했다. 오로지 한 개의 총이 소유주와 더불어 사라졌다. 바로 파리에서 온 소년 르네와 구식 38구경 권총이었다. 훗날 르네가 가지고 있던 총은 라부에서 입수한 권총이었음이 밝혀졌다. 발사 사건 직후, 르네의 아버지는 두 아들을 데리고 급히 파리로 가 버렸다. 수십 년 뒤 르네는 한 인터뷰에서 빈센트가 자신에게서 그 총을 훔쳤노라고 증언했다. 물론 그 누구도 본 적이 없으니 진위 여부는 알 수 없다.

당시 빈센트를 처음 검진한 의사 마제리는 상처를 낸 총이 소구경 권총이며, 우연히 일어난 총격에 의한 것이라고 진단했다. 총알이 주요 기관과 혈관을 빗맞혔다는 점과, 총알이 몸속에 남아 있다는 것은 사용한 총이 제한된 기동력을 지닌 소구경 권총이며, 보다 먼 곳에서 우발적으로 발사되었음을 의미했다. 이는 빈센트가 자살한 것이 아니라, 누군가가 방아쇠를 당겼을 가능성을 암시한다. 권총 자살의 통계에 따르면 98퍼센트가 가슴이나 배가 아니라 머리를 쏜다. 정말로 자살할 사람이라면 배에 총알을 박은 채 가파르고 힘든 내리막길을 내려오지 않았을 것이다.

빈센트의 죽음을 두고 최초로 가장 빈센트다운 죽음을 말한 사람은 미국의 저명한 미술사학자인 존 리월드다. 그는 빈센트 사망 후 50년이 지난 1930년대에 오베르쉬르우아즈를 방문하여 1890년 한여름에 일어난 사건의 증인들을 면담했다. 그는 총기 오발 사고 같은 것이었거나, 사춘기 청소년이 저지른 끔찍한 장난이었을 수 있다고 잠정 결론을 내렸다. 소년들은 살인죄로 기소될까 봐 두려워 나서지 않았다는 것. 리월드는 빈센트가 그들을 보호하고 순교자가 되기로 결심했다고 보았다. 그토록 솔직한 빈센트가 끝내 발설하지 않고 침묵했다는 것이 그것을 암시한다. 그도 그럴 것이 이튿날 경찰이 빈센트에게 자살하려고 했냐고 물었을 때, 그는 우유부단하게 "그래요, 그런 것 같소"라고 얼버무리며 대답했다. 경찰이 자살 시도는 범죄라고 말하자 그는 자신이 그 범죄로 비난받을지도 모른다는 것보다 다른 누구도 그 일로 비난받아서는 안 된다는 데 신경 쓰는 듯했다. 빈센트는 "아무도 고발하지 마세요. 내가 나를 죽이고 싶었던 겁니다"라고 답했다.

그렇다면 빈센트는 왜 끔찍한 사고의 희생자이면서도 스스로 저지른 짓이라고 주장한 것일까? 어째서 그는 자신을 조롱하고 괴롭히던 르네를 보호하려고 했던 것일까? 어떤 이유에서든 그는 르네 형제를 보호하려고 결심했던 것으로 보인다. 그뿐만 아니라 충동적이었던 빈센트가 스스로 죽음을 반겼을 수도 있다는 가능성도 배제할 수 없다. 평생 자살을 '비겁한 행위'이자 '불성실한 자의 행동'이라고 부인했지만, 이와 달리 그가 평소 뚜렷이 강조한 말을 떠올릴 수밖에 없다. "나는 특별히 죽음을 찾지는 않을 것이다. 하지만 만일 일이 벌어진다면 피하지는 않을 것이다." 부주의하여 우연히 일어난 일이든, 악의적으로 벌어진 일이든 르네는 어쩌면 죽고 싶었던 빈센트에게 탈출구를 제공해 준 것인지도 모른다. 울고 싶은데 누군가가 뺨을 때린 이 사건을 빈센트는 운명처럼 받아들였을지도 모른다.

정다운 분신,
테오

너의 변함없는 도움에 말로 다할 수 없는 고마움을 느낀다.
요즘 네 생각을 많이 한다. 그래서 더욱더 내 그림이 활기 있고
진지하고 강렬해져서 너에게 빨리 기쁨을 주고 싶다.

— 빈센트 반 고흐, 『반 고흐 영혼의 편지』 중

더없이 형을 받들었소

테오는 어떤 존재였기에 형의 분신처럼 살 수 있었을까? 빈센트와 테오는 거의 한 몸처럼 모든 것을 공유하고 소통했다. 특히 빈센트는 타인에게 보내는 편지조차 테오와 완벽하게 함께 나누었다. 모델이 없어 쩔쩔매던 시절에도 테오의 초상화를 거의 그리지 않은 것 역시 테오와 자신은 한 몸이기 때문에 그릴 필요조차 없다고 생각한 것일까?

우울하고 의심 많고 늘 심통이 나 있는 듯한 빈센트와는 달리, 테오는 명랑하고 사교적이고 관대한 사람이었다. 테오는 가족의 중재자 역할을 했고, 집안의 기둥이라 여겨졌다. 특히 어머니에게 빈센트와 테오는 구약에 등장하는 에서와 야곱 같은 존재였다. 테오는 형의 장자권을 빼앗은 야곱처럼 엄마의 사랑을 독차지했다.

사실 빈센트보다 앞서 화가가 되고 싶어 한 이는 테오였다. 그렇지만 빈센트가 먼저 화가가 되어 테오에게 함께 그림을 그리자

아를 시절, 반 고흐가 테오에게 보낸 편지

반 고흐는 평생 그의 후견인이자 분신과도 같았던 동생 테오에게 668통의 편지를 썼다. 주변 지인들에게 보낸 편지까지 포함하면 그는 실로 엄청난 편지광이었다고 할 수 있다. 편지에는 구상하고 있는 작품의 스케치, 경제적 도움에 대한 호소, 삶과 예술에 대한 고뇌가 담겨 있다. 그것은 실로 한 예술가의 '영혼의 자서전'이라 해도 무방할 것이다. 테오는 형의 편지를 정말 재미있어했고, 형이 죽은 뒤에는 그것을 책으로 엮으려 했다. 그 작업은 훗날 테오의 아내 요하나에 의해 실현되었다.

고 제안했다. 테오는 순응적인 인물로, 파리식 비즈니스의 세련된 협상 능력을 훈련받은 현실적인 사람이었다.

빈센트와 테오와의 관계는 미스터리하다. 어떻게 한 형제가 이다지도 깊고 허심탄회한 관계를 유지할 수 있었을까? 빈센트가 테오에게 보낸 편지만 668통이다. 빈센트는 망상과 절망에 빠져들 때마다 테오를 더욱 그리워했다. 자신을 독방에 감금된 죄수에 비교하면서 테오를 삶이라는 여행에서 만난 오직 하나뿐인 친구이자 삶의 이유라고 말했다. 자기 삶이 무가치하고 소모적이지는 않다고 느끼게 해 주는 것은 오로지 형제애뿐이라고 생각했다.

더군다나 아버지의 급작스러운 사망은 이제 빈센트를 도울 사람은 오로지 테오밖에 남지 않았음을 의미했다. 테오는 아버지가 죽은 뒤 형에 대한 더욱 확고한 후원자가 되어야만 했다. 빈센트는 어떤 일이 있어도 테오가 자신을 도울 것이라는 낙관과, 언제까지 동생의 지원 속에서 살아야 하는지에 대한 낙담 속에서 살았다.

테오는 형의 모든 요구를 들어주는 유일한 존재였다. 부모와 갈등을 일으키는 형을 중재하느라 부모를 진정시키는 편지를 쓰는 한편, 형에게는 여행비와 생활비와 재료비를 보냈다. 빈센트는 언제나 심술궂은 요구와 마지못한 고마움 사이를 왕래했다. 더 잘 갖추어 입고 사교적인 사람이 되겠다는 약속, 무엇보다 팔릴 만한 그림을 그리겠다는 약속, 좀 더 열심히 작업하면서 알뜰하게 돈을 쓰겠다는 약속 등으로 테오를 회유했다. 돈이 오지 않으면 안절부절하면서 테오 때문에 자기 작품이 손해를 입었노라고 항의했다. 그림의 성패는 화가의 기분과 상태에 크게 의존한다는 사실도 거듭 상기시켰다. 자기도 그림을 그리는 데 두 배로 집중할 테니 돈을 두 배로 보내 달라고도 요구했다. 볼멘소리를 넘어서 위협적인 자세로 돈이 더 마련되지 않으면 자신에게 좌절, 두통, 열병, 우울증 등의 정신적 문제가 생길 것이라고 엄포를 놓았다. 빈센트는 점차 자신이 부양받을 자격이 있다고 믿기에 이르렀다. 분노에 찬 도전인지, 절망적인 자기 합리화인지는 몰라도 힘든 작업과 숭고한 목표 때문에 자신은 동생에게 돈을 받을 자격이 있다고 주장했다. 그것은 그가 책과 대가들에게서 배운 예술적 특혜에 대한 요구였다.

테오 역시 분별없이 돈을 써 대는 형을 압박하고, 회유하고, 간청했다. 형의 지나친 요구에 아연실색하고 화도 났지만, 자신의 재정 상태가 곤란해졌을 때조차 형을 달래는 방편으로 돈을 부쳤다. 테오는 빈센트를 평범한 인간 이상이라고 생각했다. 한 편지에서 "더없이 형을 받들었소"라고 회상했다.

이렇듯 빈센트는 화가가 되기로 결심한 이후 예술이라는 공동 사업에 대한 테오의 절대적인 책임감을 요구했다. 테오의 격려로 그림을 시작했으니 마땅히 책임지라는 태도로 일관했다. 더군다나 자기 작품을 '우리의 자식'이라고 했을 정도다. 그러나 빈센트의 표현대로 자신을 의기소침하게 만드는 의존적 관계는 언제나 죄책감과 분노라는 양가적 감정을 몰고 왔다. 분노는 힘든 작업에 대한 끊임없는 불평으로, 죄책감은 조금만 참아 달라는 사과 어린 탄원과 빚을 꼭 갚겠다는 가엾은 약속으로 점철되었다. 너무 몰염치해 보이는 빈센트의 이런 태도가 아니었다면 세기의 작품이 탄생했을까 싶기도 하다. 더불어 빈센트의 작품은 그가 누누이 강조한 것처럼 테오의 희생이 아닌, 테오와의 합작품이 아니었을까?

네게 짐이 되는 것이 겁난다

빈센트가 두려워한 것은 무엇이었을까? 가장 안전한 피난처 역할을 한 테오의 위기는 바로 빈센트의 위기였다. 아를 시절 일어난 빈센트의 발작도 얼마간 테오에 의해 촉발된 것일지도 모른다. 이를테면 테오가 자기를 버릴지도 모른다는 공포심 때문일지도. 빈센트가 귀를 자르기 이틀 전에 받은 소식은 테오가 약혼한다는 것이었다. 그동안 테오는 사랑하는 여자가 있다는 사실을 숨겨 왔다.

그도 그럴 것이 그때까지 빈센트는 테오의 여자 관계에 과민한 반응을 보여 왔기 때문이다. 빈센트는 여자와의 관계, 특히 성관계가 공동의 창조적 에너지를 약화시킨다고 믿었다. 여자를 형제의 삶에 초대하는 것은 그들만의 신성한 유대를 배신하는 행위라고 간주했다. 그러면서도 빈센트는 여자가 생긴다면 언제나 세 사람이 만드는 공동체를 구상해야 한다고 언급했다. 예전에 형제는 도덕적으로 병든 테오의 정부를 공유한 적도 있었다. 그래서 테오는 진정 사랑하는 요하나를 형에게 소개하는 것을 미루어 온 터다. 절대로 형의 제안을 함께 실현하고 싶지 않은 진정 사랑하는 여자였으니 말이다.

더군다나 당시 테오는 요하나에게 거절당한 지 1년 반 만에 기적처럼 승낙을 얻어 낸 터라 그 기쁨은 이루 말할 수 없었다. 가족들은 이미 축하를 해 주었고, 빈센트에게도 결혼을 인정해 주겠냐고 물었다. 빈센트도 인정한다고는 답했지만, 결혼이 인생의 주요 목적이 되어서는 안 된다고 잘라 말했다. 빈센트는 관습적인 결혼에 대해 비판적이었다. 그러면서도 동생이 결혼할 조짐이 보이면 "네게 안전한 가정은 내게도 이득"이라고 하면서 셋이 같이 살자고 제안했다. 그는 요하나를 형제의 공동 사업에 참여하는 동업자로 생각하면서 신혼부부가 구입한 시골 저택을 자기 그림으로 가득 채우는 상상을 했다.

테오의 결혼이 기정사실로 충분히 인식되면서 빈센트의 허약한 세계는 흐트러지기 시작했다. 생폴드모졸요양원 독방에서 보내는 동안 테오에게서 어떤 소식도 없었다는 것은 상황을 더 나쁘게 만들었다. 빈센트는 동생의 결혼식 장소는 물론 날짜조차 몰랐다. 특별한 날을 망칠까 봐 다들 두려워하는 듯했다. 테오의 결혼은 빈센트가 버림받았다는 사실을 의미했다. 시간이 흐르면서 테오의 결혼으로 인한 유기 불안은 어느 정도 잦아들었지만, 빈센트는 가족이 우선순위를 차지하게 된 테오의 상황에 더욱더 민감하게 반응했다.

짧았던 오베르쉬르우아즈 시절, 빈센트는 내내 파리의 테오가 예전과는 달리 어딘지 위기에 빠져 있다는 느낌이 드는 편지를 받았다. 당시 테오의 편지는 빈센트에게 아주 심각하고 상처가 되는 내용이 대부분이었다. 아이가 밤낮으로 끊임없이 운다는 이야기, 뼈가 빠지게 일하는데도 돈이 충분하지 않다는 이야기, 처자식한

〈파리에 있는 테오의 아파트에서 내다본 풍경〉

파리 시절, 반 고흐는 테오와 함께 몽마르트르 언덕에 있는 아파트 4층에서 살았다. 시내 풍
경이 내려다보이는 멋진 전망을 자랑하는 곳으로, 반 고흐는 여러 번 그림으로 담았다. 그러
나 기질이 너무 다른 형제가 한 집에서 2년 가까이 사는 것은 쉽지 않은 일이었다. 그럼에도
둘은 미스터리할 만큼 평생 깊은 유대 관계를 이어 갔다. 캔버스에 유채, 38.1×45.9센티미터,
1887, 반고흐미술관, 암스테르담.

테 돈 걱정을 안 시키고 싶다는 이야기 등. 테오가 먹여 살려야 할 입들 가운데 빈센트의 이름을 올렸을 때, 자신을 형이 올라탄 무거운 짐수레를 끄는 지친 말로 묘사했을 때, 앞으로 자신은 빈털터리로 세상에 나앉을 것이라고 책망했을 때, 가족과 형제에 의해 지워진 부당한 의무 때문에 울부짖고 있을 때, 빈센트는 강렬한 죄책감을 느끼지 않을 수 없었다.

그뿐만 아니라 테오는 아기가 실패한 아버지와 방종한 큰아버지와는 달리 훌륭한 사람으로 성장하는 모습을 지켜보고 싶다는 눈물 어린 소망을 이야기했다. 요하나에 대한 사랑이 자기 행복의 필수 조건이라고 단언하기도 했다. 형이 가족을 원한다면 스스로 가족을 만들라는 일갈이었다. 게다가 테오는 악화되어 가는 자신의 건강 문제를 드러냈다. 건강까지 극도로 나빠지고 있는 테오는 빈센트보다 더한 비통함과 절망감에 사로잡혀 있었다.

오베르쉬르우아즈에서 받은 이런 편지는 빈센트에게 너무도 큰 타격이 되었다. 특히 테오의 병이 악화해 간다는 사실은 더욱 충격이었다. 제수는 남편의 병을 몰랐지만 빈센트는 잘 알고 있었다. 불안감에 가득 찬 빈센트는 죽기 20일 전 예고 없이 파리를 방문했다. 테오와도 제수와도 언쟁이 오갔던 것 같다. 마음이 상한 채 당일 저녁 오베르쉬르우아즈로 돌아왔으니 말이다. 그 후 보낸 편지에서 빈센트는 "나는 네게 짐이 되는 것이, 네가 나를 다소 두려워해야 할 존재로 느끼는 것이 겁이 났다"라고 고백했다. 테오와 멀어지는 일보다 빈센트의 정신 상태를 위협하는 것은 없었다.

정신분석학적으로 본다면 두 사람은 서로 투사와 동일시가 거의 완벽하게 이루어진 관계다. 통상 아이는 부모와의 동일시를 통해 성인이 되어 간다. 그러나 유년 시절 빈센트는 부모를 더 이상 신뢰할 수 없는 처지였다. 그렇기에 부모 대신 테오를 선택해 자신과 동일시하기에 이른 것은 아닐까?

영국의 저명한 정신분석학자 앤서니 스토에 따르면 타인과의 동일시에는 의존성이 수반되는데, 이는 그가 의존하는 사람에게 받는 공격에 취약하다는 의미다. 고립된 유년 시절에 체험한 모성 결핍과 그로 인한 불안정성은 어쩌면 빈센트로 하여금 끊임없이 자신과 동일시할 누군가를 찾아 헤매게 했는지 모른다. 그러나 그가 위안을 얻는 경우는 동일시한 그 사람이 자신과 아주 비슷한 신념과 의견을 드러낼 때에 한해서였다. 서로 간에 두드러진 차이가 드러나면 그것을 내면의 안정감을 위협하는 일종의 공격으로 느꼈고, 그래서 파괴적인 상황이 벌어졌다. 고갱과 추구하는 세계가 달라서 파국을 맞이했듯이 말이다. 이제 테오와의 관계도 자신이 꿈꾼 유토피아와 멀어져 간다고 느꼈을지도 모른다.

테오의 고뇌와 죽음

형의 장례를 치른 뒤 테오의 건강은 급속도로 나빠졌다. 빈센트의 고통은 끝났지만 테오의 고뇌는 막 시작되었다. 형을 잃은 깊은 슬픔과 후회와 죄책감으로 인해 테오의 연약한 몸과 마음은 완전히 망가지고 말았다. 우울증을 앓고 있는 데다가 매독균까지 뇌

〈테오 반 고흐의 초상〉

오랫동안 빈센트의 자화상으로 여겨져 왔으나 2011년에 암스테르담 반고흐박물관의 수석연구원인 루이 판 틸보르흐가 테오의 초상이라고 밝혔다. 빈센트 반 고흐, 판지에 유채, 14×19센티미터, 1887, 반고흐미술관, 암스테르담.

로 전이된 테오는 그런 상태에서도 오로지 형의 명예 회복을 위해 전력을 다하겠다고 맹세했다. 자신을 포함해 세상이 너무 오랫동안 빈센트라는 화가를 무시했다고 토로했다. 형을 무시하고 조롱하던 화가와 동료 들은 그의 죽음 이후에야 찬사를 보내며 테오를 위로했다. 빈센트의 죽음으로 테오의 처지가 나아질 것이라는 동료 화가들의 메시지, 빈센트를 집안의 애물단지로 치부하던 가족들이 안도하는 모습이 테오의 가슴을 더욱더 아프게 했다.

빈센트에 대한 테오의 그리움은 강박적으로 변해 갔다. 밤이 되면 형의 유령이 그를 괴롭혔다. 형의 편지 더미를 속속 파헤치며 시간을 보냈다. 그럴 때면 다시 형과 대화하는 듯한 느낌이 들었다. 형에 관한 책을 쓰겠다는 결심도 했다. 처음에는 가셰에게 부탁했다가 미술비평가인 알베르 오리에에게 부탁했다. 오리에는 빈센트의 진가를 인정해 준 첫 번째 비평가였다.

테오는 빈센트를 알았던 사람들만 보고 싶어 했다. 가족과 아내에게는 형에 관한 깊은 대화만을 원했다. 형의 지인들을 저녁 식사에 초대해 형에 관한 주제만으로 토론하기를 바라기도 했다. 테오는 특히 가셰에게 집착했다. 형의 마지막에 대해서 가장 잘 알고 있을 것이라는 막연한 기대 때문이었다. 테오는 자기 생각과 다르게 형을 바라보는 사람에게 분개했다. 예전의 형처럼 조울증과 피해망상이 찾아왔다. 먹는 것, 자는 것, 심지어 옷차림까지 무시한 채 형을 닮아 갔다. 형처럼 분노의 화신이 된 것 같았다.

테오는 정신적으로 완전히 망가지고 말았다. 구필화랑과의 불화로 오랫동안 몸담았던 직장을 그만두었고, 가정에서는 남편과 아버지로서의 의무감에 짓눌렸다. 결국 소변을 못 보는 요독증으로 고생했고, 정신착란 증세까지 보였다. 그토록 사랑하던 아내와 아들을 위협한 적도 있을 만큼 난폭해졌다. 결국 가족은 빈센트가 죽고 3개월 뒤 테오를 파리에 있는 정신병원에 입원시켜야 했다.

테오는 정신 질환자에게서 나타나는 일반적인 마비 증세를 보였는데, 제3기 매독의 가장 끔찍한 증세 중 하나로 진단받았다. 신체적으로나 정신적으로 형보다 연약했던 그는 더 위험한 섬망 증세를 겪었다. 그러나 남프랑스의 요양원에서 가족과 친구의 방문도 없이 외롭게 지내던 빈센트와는 달리, 테오에게는 가족과 동료들이 면회를 왔다. 무엇보다 아내인 요하나는 남편의 건강과 평판을 위해서 다른 누구보다 열심히 더 오래 싸웠다.

요하나는 테오를 고향 네덜란드 위트레흐트의 요양원으로 데려갔다. 처참한 상태가 된 테오에게 간질과 구분이 안 되는 마비성 발작이 찾아왔다. 그는 망상과 헛소리, 혼미한 정신 상태로 불면의 기나긴 밤을 보내야만 했다. 눈빛과 목소리도 달라졌고, 얼굴 근육은 뒤틀렸으며, 전반적인 성격도 변했다. 세련된 감수성과 교양을 가졌던 화상은 이제 자신의 속옷을 쥐어뜯고 침대보와 매트리스를 망가뜨렸다. 대화는 물론 걷는 것도 힘들어졌다. 침도 삼키지 못했고, 먹은 것은 대부분 토해 냈다. 모든 장기가 망가졌다. 밤이면 완충제를 댄 침상에 들어야 했다.

요하나가 찾아올 때마다 테오는 침묵이나 분노로 맞이했다. 그녀가 가져온 꽃을 갈기갈기 흐트러뜨리고 의자를 집어던지는 등 자신의 상태를 그녀의 탓인 양했다. 의사들은 그의 병명을 "유전,

만성 질환, 과도한 노력, 슬픔의 결과로 나타난 고통"이라고 기록했다.

형처럼 테오도 수수께끼처럼 사망했다. 사망일조차 분명하지 않다. 한 보고서에는 1891년 1월 25일이라고 쓰여 있지만, 병원 기록에는 1월 24일에 시신을 옮긴 것으로 되어 있다. 부인의 방문 뒤에 사망했다는 설도 있다. 테오는 위트레히트 공동묘지에 묻혔다. 1905년은 빈센트가 묻힌 오베르쉬르아우아즈 묘지의 임대 기간이 끝나는 해였다. 이때 요하나는 영구 묘지를 구입하여 빈센트의 유해를 이장했고, 23년 뒤인 1914년에는 테오의 유해도 옮겨 형의 곁에 묻었다. 마침내 빈센트는 그토록 꿈꾸던 동생과의 재결합을 오베르쉬르우아즈의 하늘 아래에서 이루었다.

최초의 호평

빈센트는 진정 살아서 명성을 누린 적이 전혀 없었던 것일까? 생전에 누구도 그의 성공을 예측한 사람은 없었을까? 누가 그를 공식적으로 가장 먼저 인정했을까? 언제부터 그는 대중에게 회자되는 화가가 되었을까? 세간의 풍문과는 달리 빈센트는 생폴드모 졸요양원 시절에 평생 받아 보지 못한 호평을 받았다. 오리에라는 젊은 미술비평가의 글을 통해서였다.

1889년, 크리스마스 시즌에 빈센트의 〈해바라기〉가 탕기화방에 걸렸고, 익명의 기고가가 〈해바라기〉 관람을 종용하는 등 신문

MÉDAILLE D'OR

반 고흐의 작품을 최초로 호평한 알베르 오리에

반 고흐가 생폴드모졸요양원에서 정신병과 사투하고 있을 때, 파리에서는 스물세 살의 젊은 비평가인 알베르 오리에가 반 고흐 작품의 진가를 알아보고 새로운 천재를 발견했다며 찬사를 보냈다. 오리에의 기사는 미술계에 큰 반향을 불러일으켰고, 사람들 사이에 반 고흐의 이름이 회자되도록 했다.

과 잡지에 빈센트의 그림에 대한 평이 실리기 시작했다. 그때 탕기화방에 들른 사람 중 오리에라는 스물세 살의 천재적인 비평가가 있었다. 오리에가 빈센트의 작품을 호평한 데는 베르나르의 추천도 한몫했다. 베르나르가 오리에에게 탕기화방과 구필화랑의 복층 전시장, 심지어 테오의 아파트에까지 가서 자신을 포함한 기요맹, 고갱, 빈센트의 작품들을 보라고 제안했던 것이다. 당대는 '예술을 위한 예술'을 추구한 모더니즘이 시작되던 시기로, 비평가의 인정이 절실했다. 당시 비평가 펠릭스 페네옹이 신인상주의 화가 쇠라의 점묘파 이미지를 단지 매력적인 장식이나 기교가 아닌 시대정신의 필연적인 산물이라고 옹호했던 것처럼 말이다.

이런 미술사적 배경 아래 1890년 1월 오리에는 그가 창간한 새로운 잡지인 『메르퀴르 드 프랑스』 창간호에 빈센트를 다루는 것만큼 좋은 선택은 없을 것이라고 판단했다. 북부에서 버림받은 이방인, 심지어 전위예술가들 사이에서도 버림받은 화가에 대한 소개야말로 미술계의 관심을 끌고 비평가로서의 자신에 대한 평판을 공고하게 해 줄 것이라고 여겼다. 예술에 대한 열정으로 자신의 귀를 베어 버린 저주받은 예술가, 정신병원에 수감되어 극심한 고통 속에서 작업하는 화가는 오리에가 추구하는 천재적 예술가상을 강화하는 이상적인 이미지였다.

오리에의 기사는 새로운 천재의 발견이라는 문장으로 도배되었다. 그는 빈센트가 흥미진진하고 강력하며 심오하고 복잡한 예술가, 강렬하고 환상적인 색채주의자, 활기차고 의기양양한 달인이자 정복자, 믿을 수 없을 정도로 눈부신 화가, 무시무시한 미친 천재라고 칭송했다. 오리에는 다른 사람을 의식하지 않는 빈센트의 분노와 폭력성은 부르주아적 관습에 대한 저항이자 거부이고, 참된 예술을 향한 올바른 길이라고 생각했다. 누구도 빈센트의 자연과 진실에 대한 엄청난 애정을 의심할 수 없을 것이라고 썼다.

오리에의 기사가 실린 신문은 테오가 아들을 낳았다는 소식과 함께 생폴드모졸요양원에 도착했다. 빈센트는 오리에의 찬사에 기뻐하면서도 당황스러워했다. 이런 양가적인 감정에는 속사정이 있었다. 그것은 남프랑스에서 일어난 치명적인 발작과 사건이, 그가 요양원에 수용되어 있다는 사실이 공공연히 회자되면 가족이 얼마나 시달릴지 걱정되었기 때문이다. 빈센트는 자기로 인해 누이동생의 결혼 가능성이 더 희박해질까 봐, 막 태어난 조카가 고통을 받을까 봐 크게 염려했다.

빈센트는 어떤 기대감도 차단하려는 듯이 테오에게 "나는 그렇게 그리지 않아. 내 등은 그렇게 중요한 일을 감당할 만큼 넓지 않다"라고 했다. 그리고 오리에의 비평을 한 화가에 대한 찬사가 아니라 모든 화가들을 위한 일반적인 격려라고 생각했다. 오랫동안 아첨을 불쾌하게 여겨 온 빈센트는 자신에 대한 찬사를 너무 이른 것으로 받아들였다. 그럼에도 그는 오리에의 기사 복사본을 자신을 인정하지 않던 사람들, 즉 영국인 화상, 코르넬리스 숙부, 고향의 가족에게 보냈다. 이 일로 인해 그는 잊힌 관계를 떠올리며 자신이 드디어 인정받았음을 전했다.

고갱도 그 기사를 읽었는지 안트베르펜에서 함께 작업하자고 제안해서 빈센트를 놀라게 했다. 빈센트 역시 오리에의 호평에 고

〈아를의 붉은 포도밭〉

반 고흐가 아를 시절에 몽마주르수도원이 있는 언덕에 올라 그린 것으로, 살아생전에 유일하
게 팔린 작품이다. 캔버스에 유채, 93×75센티미터, 1888, 푸시킨미술관, 모스크바.

무되어 잠시나마 고갱과의 재결합을 상상했다. 그는 여전히 고갱과 함께 작업할 수 있기를 꿈꾸었다. 그것만이 자신을 더 멀리 모험하도록, 예술적 이상을 실현하기 위한 힘을 북돋우어 주리라고 생각했다.

빈센트는 평소 급한 성격답지 않게 곧장 답장을 하지 않고 한참 뒤에야 오리에에게 자신의 그림 한 점을 선사하며 편지를 보냈다. 편지에서 빈센트는 오리에의 호평으로 자신의 그림이 실제보다 더 풍부하고 의미 있게 느껴진다고 하면서도 그것은 자신보다 다른 사람에게 더 적절하지 않을까 생각한다고 적었다. 그러면서 자신이 크게 영향을 받은 화가는 몽티셀리와 고갱이며, 그들이 찬사를 받아야 마땅하다고 전했다.

오리에의 기사는 미술계를 흔들어 놓았고, 빈센트라는 이름이 회자되게 했다. 빈센트는 새롭게 조명받는 유명 인사가 되었다. 오리에가 묘사한, 고통을 당하는 천재의 작품을 보기 위해 사람들은 새로운 미술을 추구하던 앙데팡당전이 열리는 곳으로 밀려들었다. 비평가와 전위화가 들은 그동안 비웃었던 빈센트의 거친 임파스토 기법의 강렬한 인상과 생생한 효과를 찬양했다. 빈센트의 작품은 그 전시회의 백미라고 불리며 쇠라의 신작마저 무색하게 만들었다.

수집가들이 테오에게 다가와 빈센트의 작품에 대해 물었다. 누구보다 화가들이 놀라움을 표현했고, 그림을 교환하자고 제안했다. 모네 역시 빈센트의 그림이 최고라고 극찬했다. 가장 의미 있는 비평은 고갱에게서 나왔다. 그는 놀라운 작품이라고 진심 어린 찬사를 보내며 그림을 교환하자고 했다. 더불어 빈센트에게 온 더욱 긍정적인 신호는 오리에의 기사가 나간 뒤 브뤼셀에서 열린 전시에 출품한 〈붉은 포도밭〉이 400프랑이라는 좋은 가격에 팔렸다는 것이다. 그것은 그의 생전에 유일하게 팔린 작품이었다.

영원의 문 앞에서

근원적 결핍

나는 무엇인가의 결여다.
나는 그것을 애도하고 있는 중이다.

— 자크 라캉

평생 동안 인정욕망에 시달린 빈센트는 자신을 인정해 줄 사람을 늘 찾아다녔다. 서른일곱 살이라는 짧은 생애 동안 그린 수많은 작품들도 오로지 자신의 존재를 증명하기 위한 것이었다. 어릴 때는 부모에게, 나이가 들어서는 미술계의 동료들에게, 만년에는 그 누구보다 동생 테오에게 말이다. 무엇보다 그러한 존재 증명이라는 열망의 근원에는 부모가 있었다. 빈센트는 위대한 자들이 그랬던 것처럼 아버지를 거부하고 예술을 얻었다. 마치 융이 개신교 목사인 아버지의 교리에 동의하지 못하고 거부했던 것이 그의 인생에서 참다운 자기self로 살기 위한 힘겨운 여정이었듯이 말이다.

이처럼 빈센트는 심리적으로 살부의 과정은 치렀지만 온전한 살모는 하지 못했다. 어쩌면 남성들의 내면에서 어머니를 제거하는 것은 거의 불가능한 일일지도 모른다. 빈센트가 어머니에게 거부당한 경험, 즉 충분한 사랑을 받지 못했다는 사실은 그의 인생에 결정적인 트라우마로 작용한다. 어머니 대신 테오가 어머니의 역할을 대신해 주었지만, 그렇다고 빈센트의 내면에 자리한 모성 결핍이 근원적으로 해소될 수는 없었다. 모든 욕망의 근원에는 결핍이 있고, 빈센트 역시 시간이 지날수록 어머니의 사랑을 갈구했다. 죽기 1년 전 생레미의 요양원에서 피폐해질 대로 피폐해진 가운데 그가 그린 그림 중 하나는 피에타였다. 그러한 열망으로 그린 수많은 그림이 어머니를 대신하는 유일한 품이었을 것이다.

나는 이 책을 쓰면서 빈센트의 예술을 낳은 가장 강력한 원동력이 애정 결핍으로 인한 인정 욕망이었다는 것을 밝혔지만, 사실 그것만으로 그의 예술 세계를 규정하고 싶지는 않다. 한 존재에게는 수만 년 동안 살아남은 유전자가 새겨져 있다. 그에게는 집단 무의식, 개인 무의식을 비롯해 시대정신, 에피스테메, 가족, 자연, 환경, 친구, 교육, 심지어 전생까지 수많은 변수가 작용한다. 그러므로 내가 할 수 있었던 유일한 일은 빈센트라는 한 존재를 진심 어린 관심과 애정으로 바라보되, 한편으로는 감정이입과 공감이라는 시선으로, 다른 한편으로는 이성적으로 객관화하고 타자화하는 시선으로 임했다. 그럼에도 그는 여전히 내게 미스터리한 존재다. 아니 한 존재를 미스터리로 놓아두는 것이 그를 새롭게 감각하고 사유할 수 있는 여지를 줄 것이다. 빈센트가 자신의 작품이 낙담한 자들에게 위안을 주기를 희망했듯이, 내가 그의 글과 작품에서 너무도 큰 치유를 얻었듯이, 이 책 역시 고통을 받는 이들에게 실낱 같은 빛과 같기를 바란다.

이 책을 쓰면서 크게 도움을 받았던 책들이 있다. 빈센트 반 고흐라는 한 인간과 예술 세계에 다가가는 데 가장 직접적인 도움을 준 것은 그의 편지 전집이었다. 편지 덕분에 그의 실체에 아주 선명하게 다가설 수 있었다. 그 다음으로는 『화가 반 고흐 이전의 판 호흐』라는 평전에 큰 빚을 졌다. 1000쪽이 넘는 그 책을 탐독하는 일은 기쁨과 동시에 절망을 주었다. 아주 오랜 시간 순례하듯이 한 예술가를 추적하고 탐구하는 유럽의 지적 전통에 적지 않은 부러움과 자괴감을 느끼지 않을 수 없었다. 더불어 빈센트에 관한 어떤 텍스트이건 하나의 키워드에 꽂히면 거기에서 연상되는 다른 텍스트로 확장해 감으로써 한 존재를 입체적으로 탐색하고자 했다. 그렇게 곁에 두고 참고한 책들이 심리학과 정신분석학과 관련된 것이었다. 그렇게 내 책은 여러 텍스트를 크로스오버하며 직조한 또 다른 하이퍼텍스트일지도 모른다.

마지막으로 미국의 영화감독이자 신표현주의 화가인 줄리언 슈나벨이 만든 〈고흐, 영원의 문에서〉의 잊을 수 없는 한 장면을 소개하는 것으로 나의 여정을 마감하려 한다. 빈센트가 가세를 모델로 초상을 그리고 있을 때의 대화로, 나는 이 장면을 몇 번이나

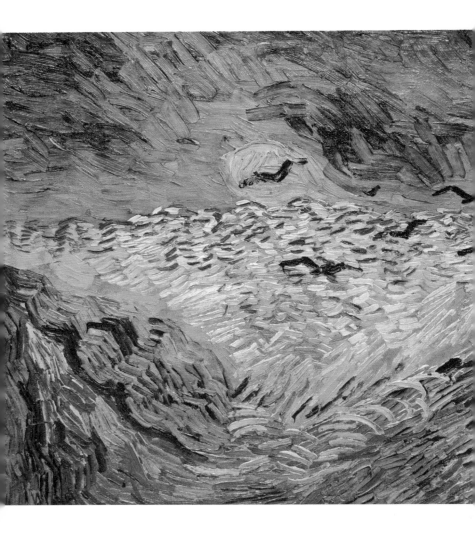

〈까마귀가 나는 밀밭〉

어둡고 무거운 하늘, 그 아래로 죽음을 예고하는 듯이 날아다니는 까마귀 떼, 반 고흐가 평생
추구한 노란색으로 요동치는 밀밭, 막다른 길 등이 강렬한 대비를 이루면서 생의 끄트머리에
선 화가가 느꼈을 절망감과 고독감이 사무치게 다가온다. 캔버스에 유채, 103×50.5센티미터,
1890, 반고흐박물관, 암스테르담.

돌려보며 전율했다. 빈센트가 열망하고 추구하는 세계가 무엇이었는지를 처연하도록 명징하게 우리에게 전해 준다.

가셰: 그림을 왜 그려요?

빈센트: 사실 생각을 멈추려고요.

가셰: 명상 같은 거네요.

빈센트: 그림을 그릴 때면 생각이 안 나거든요.

가셰: 어떤 생각이요?

빈센트: 생각을 멈추면 그때야 비로소 느끼거든요. 내가 내 안팎 모든 것의 일부라는 것이. 내가 보는 것을 너무나 공유하고 싶어요. 예전에 예술가란 세상 보는 법을 가르쳐 줘야 한다고 믿었는데. 이제는 아니에요. 나와 영원의 관계에 대해서만 생각해요.

가셰: 영원이라 함은?

빈센트: 다가올 시간요.

가셰: 그 이야기는 곧 당신이 세상에 줄 선물이 그림이라는 거군요.

빈센트: 그렇지 않다면 예술가가 있어서 뭐 해요?

가셰: 그림 그릴 때는 행복하죠?

빈센트: 대부분은요. 망칠 때만 빼고.

가셰: 가끔은 슬퍼 보여요.

빈센트: 성공작이 하나 나오기까지는 수많은 실패와 파기가 있거든요. 난 슬픔 속에서 기쁨을 느껴요. 슬픔이 웃음보다 더 좋죠. 그리고 천사는 슬픈 이들 가까이에 있고, 때로는 병이 우리를 치료해 주죠. 그러나 자연히 그런 게 그림을 탄생시키죠.

가셰: 그렇게 느껴요?

빈센트: 어떤 때는 건강을 회복하기가 싫어요. 가끔씩 내가 미쳤다지만 약간의 광기야말로 최고의 예술이죠.

가셰: 당신은 미치지 않았어요.

빈센트: 의사가 친구라 좋네요.

01 모성콤플렉스와 상복콤플렉스

반 고흐의 어머니는 먼저 죽은 자식의 대체아
였던 그를 특별히 차갑게 대했다. 아마추어 삽
화가이기도 한 어머니를 많이 닮았던 반 고흐
는 평생 그녀의 사랑을 갈구했지만 늘 결핍감
에 시달렸다. 그리하여 어머니를 대신해 우체
부 룰랭의 부인을 여러 점 그리는가 하면, 생애
마지막 순간에도 들라크루아가 그린 〈피에타〉
를 모사했다. 더군다나 유년 시절에 본, 죽은
형을 애도하느라 상복을 입은 어머니의 모습
을 그대로 내면화하여 여성들을 사랑했다. 남
편을 잃고 힘들어하던 사촌 누이, 아이를 잃은
임신한 창녀 시엔, 아무도 사랑해 주지 않던 마

반 고흐의 어머니 아나 카르벤튀스.

르호트 등 슬픔에 빠져 도움이 절실해 보이는 여자들에게 평생 끌렸다. 모성콤플렉스와
상복콤플렉스는 그의 예술 세계를 받치는 중요한 심리적 동인이 되었다.

02 붓을 든 구도자

반 고흐는 원래 할아버지와 아버지의 대를 이어 목사가 되려고 했다. 그는 7년 동안의 화
상 생활을 접고 목사가 되어 가난하고 소외된 이들을 위해 살기로 했다. 신학교 입시를 치
를 자격을 얻지 못한 그는 평신도로서 전도사가 되어 벨기에의 탄광에서 헌신했다. 그렇
지만 교단 측으로부터 전도사로서 부적합하다는 판결을 받았다. 그가 목회자의 길을 포기
하고 화가의 길을 걷겠다고 결심한 데는 렘브란트가 중요한 역할을 했다. 자신 또한 렘브
란트처럼 하느님을 증거하는 화가가 되어야겠다고 생각한 것이다. 목사, 전도사, 화가에

게는 공통점이 있으니, 자신을 던져 가난하고 소외된 자들을 위해 살 수 있다는 것이다. 목사가 되려고 한 열정과 헌신으로 그는 예술이라는 구도의 길을 걸었다.

03 자화상

반 고흐는 렘브란트와 함께 서양미술사상 자화상을 가장 많이 그린 화가로 꼽힌다. 초상에 대한 관심 때문이기도 하지만 모델을 구하기가 쉽지 않았기 때문이다. 특히 고국을 떠나 본격적으로 화가의 길을 걷기 시작한 파리 시절에 많이 그렸다. 그의 예술 인생에서 고독하고 혼란한 시기로, 이때 스물일곱 점의 자화상을 그렸다. 아직 인상주의의 영향을 받지 않았던 초창기 자화상은 어둡고 멜랑콜리하다. 그의 대표적인 자화상들은 고독했지만 찬란했던 아를 시절에 그린 것이다. 귀를 자른 자화상, 고갱에게 헌정한 자화상 등이 그것이다. 이것들은 광기의 자화상이라기보다는 세상을 향해 자신이 온전함을 보여 주는, 자기 구원의 초상화로 해석된다.

〈밀짚모자를 쓴 자화상〉.
판지에 유채, 1887,
26.7×34.9센티미터,
디트로이트미술관, 디트로이트.

04 화가 공동체

남프랑스 아를은 반 고흐가 자신의 유토피아를 실현하기 위해 택한 장소였다. 그는 자신이 동경해 온 '완벽한 일본'을 한 번도 다녀온 적 없는 아를에서 발견했다고 주장했다. 그리하여 화가들의 천국을 만들겠다는 꿈을 안고 홀로 아를로 떠났다. 이러한 시도는 비단 그 혼자만의 생각은 아니었다. 많은 선배 화가들이 대도시를 떠나 한적한 곳에서 형제애로 뭉쳐 창작에 열을 올리던 시기였다. 밀레의 바르비종파, 고갱의 나비파 등이 그 예다. 그러나 겉으로 내세운 이런 거대한 이상보다 더 중요한 이유가 있었다. 바로 함께 살고 있는 동생과 사이가 더 나빠질까 봐 두려웠던 것이다. 그는 동생한테 손을 벌려야 하는 처지였기에 적은 돈으로 생활할 수 있는 곳을 찾아야 했다. 비록 고갱과의 갈등 끝에 귀를 자른 사건으로 아를의 공동체 생활은 처절하게 결렬되었지만, 그의 역작을 남기는 데는 성공했다.

05 테오

화상이었던 네 살 아래의 동생 테오는 반 고흐의 인생에서 가장 큰 조력자였다. 테오는 아버지의 사망 후 자신의 건강도 돌보지 않고 형의 뒷바라지에 온 힘을 쏟았다. 반 고흐 역시 테오에게 전적인 신뢰와 애정을 보내면서도 자신이 동생에게 큰 부담을 주고 있는 것은 아닌지 양심의 가책 속에 살았다. 일상의 모든 것을 공유한, 샴쌍둥이와도 같은 형제는 죽음도 함께했다. 테오는 형이 사망하고 6개월 뒤 정신병원에서 삶을 마감했다. 병명은 정신 질환자에게서 나타나는 일반적인 마비 증세로, 3기 매독 증세 중 하나라고 진단되었다. 나중에 테오의 부인 요하나의 노력으로 형제는 오베르쉬르우아즈의 공동묘지에 함께 묻혔다.

반 고흐 평생의 조력자였던 테오.

06 밀레

반 고흐에게 밀레는 평생의 스승이었다. 아버지로부터 해방되고자 노력하는 가운데 발견한 새로운 스승이 밀레였다. 그는 한 번도 만난 적 없는 밀레를 아버지보다 더 사랑한다고 했을 정도로 숭배했다. 자연과 더불어 사는 가장 순수한 삶을 살았던 밀레의 그림은 반 고흐에게 언제나 그려 보고 싶은 좋은 소재였다. 반 고흐는 밀레의 원화가 아닌 동판화나 사진 등 흑백 이미지를 보고 색을 입히는 시도를 했다. 이런 작업을 '번역'이라고 불렀다. 사회적 약자에 대한 관심이 지대했던 반 고흐에게 노동자의 삶을 표현한 밀레의 그림이야말로 가족적이고 혁명적이며, 종교적인 분위기까지 더해진 엄청난 영감의 보고였다. 반 고흐는 초년에는 물론이고 능숙한 만년에도 밀레의 작품을 집중적으로 모사했다. 다시 초심으로 돌아가 겸손하게 예술 작업을 새롭게 시작하고자 했던 것이다.

밀레 그림을 모사한 〈첫 걸음마〉. 캔버스에 유채, 91.1×72.4센티미터, 1890,
메트로폴리탄미술관, 뉴욕.

반 고흐 생애의 결정적 장면

1853   3월 30일, 네덜란드 남부 브라반트 지방의 쥔데르트에서 6남매 중 장남으로 빈
       센트 반 고흐가 태어났다. 아버지 테오도뤼스 반 고흐는 개신교 목사이고, 어머니
       아나 코넬리아 카르벤튀스는 덴하흐에 있는 제본업자의 딸로서 빈센트에게 그림
       을 가르치고 독서에 힘쓰도록 했다.

1857   쥔데르트마을학교에 들어가 1864년까지 다녔다.

1864 고향 집을 떠나다

빈센트가 열한 살이 되었을 때, 그의 부모는 아들을 쥔데르트에서 약 25킬로미터 떨어진
제벤베르헨에 있는 프로빌리사립기숙학교에 집어넣었다. 부모는 늘상 뚱하고 예민하고
반항적인 아들을 비로소 올바른 길로 인도했다고 믿었을 것이다. 빈센트는 낯선 곳에 자
기를 데려다 놓고 멀리 사라지는, 부모가 탄 노란 마차를 보면서 버려진 것 같은 느낌에 휩
싸였다. 이것은 이별의 전형적인 이미지로 평생 그를 따라다녔다. 훗날 빈센트는 동생에
게 보낸 편지에서 이때의 일을 "나는 프로빌리학교 앞 계단에 서 있었다. 양쪽에 여윈 나
무들이 늘어선, 비에 젖은 길 저편에 작고 노란 마차가 목초지 사이로 달려가는 것을 보았
다"라고 회상했다.

1866   틸뷔르흐에 있는 중등학교인 빌럼2세기숙학교에 들어가 2년간 다녔다.

1869   큰아버지 센트가 덴하흐에서 운영하는 구필화랑에서 일하기 시작했다.

1873   6월, 빈센트가 구필화랑 런던 지점에서 일하기 시작했다. 이곳에서 1874년 10월
       까지 일했다.

1875   5월, 구필화랑 파리 본사로 전근되었지만 동료와 고객 들에게 인기가 없었다. 빈
       센트는 화랑 일 대신 성경 연구에 강박적으로 매달리는 한편, 카미유 코로와 17세
       기 네덜란드 화가들에게 열광했다.

1876	4월, 구필화랑이 부소와 발라동으로 운영권이 넘어가면서 빈센트도 일을 그만두고 영국의 램스게이트로 갔다. 그곳의 작은 사립학교에서 부교사로 일하면서 숙식을 해결했다. 몇 달 뒤 빈센트는 교육자이자 목사인 토머스 슬래드 존스가 아일워스에서 운영하는 기숙학교에서 근무했다.
1877	도르드레흐트에 있는 한 서점에 일자리를 구했다. 5월, 신학 공부를 하기 위해 암스테르담으로 갔다. 그러나 1년 만에 공부를 중단하고 부모님이 있는 에턴으로 돌아갔다.
1878	6월, 평신도 설교자가 되기 위해 브뤼셀로 갔다. 8월, 브뤼셀 근처에 있는 라

구필화랑에서 일할 때의 반 고흐.

컨의 복음주의 학교에서 수습 과정을 밟기 시작했다. 그러나 평신도 설교자의 일이 자신과 맞지 않다는 것을 깨달았다. 12월, 가난한 이들이 많이 살고 있는 광산 지대인 보리나주로 갔다.

고향 준데르트에 있는
반 고흐 형제상.

1879 곤궁한 이들을 위해 헌신하다

빈센트는 '검은 마을' 보리나주에서 평신도 설교자로 일하면서 광부들과 함께 땅속으로 내려가거나 다치고 병든 이들을 돌보는 등 곤궁한 이들을 위해 자신을 버렸다. 심지어 마치 광야의 예수처럼 빵과 쌀죽을 제외하고는 모든 음식을 거부하는가 하면, 추운 겨울에도 외투 대신 광부들이 있는 질긴 삼베옷을 입었으며, 잘 때도 침대의 안락함을 택하는 대신 딱딱한 판자 위에 누웠고, 수중에 들어오는 얼마 안 되는 돈은 모두 남에게 기부했다. 그러나 그의 광적인 헌신을 기괴하게 여긴 마을 사람들은 브뤼셀의 복음주의위원회에 조사를 부탁했고, 결국 빈센트는 설교 능력을 갖추지 못했다는 이유로 6개월 만에 해고되었다. 이후 걸어서 브뤼셀까지 가서 아버지의 지인을 만난 뒤 보리나주 근처에 있는 퀴에메로 가서 1880년까지 무보수로 같은 일을 했다.

1880   7월, 구필화랑 파리 본점에서 일하고 있던 테오가 빈센트에게 월급의 일부를 보내 주기 시작했다. 이는 빈센트가 사망할 때까지 계속되었다. 10월, 브뤼셀에 있는 아카데미에서 인체 드로잉과 원근법을 배웠다.

빈센트가 퀴에메에서 머물렀던 곳.

1881 4월, 에턴으로 돌아가 예술가로서의 미래를 모색했다. 여름, 남편을 잃고 에턴을 찾아온 사촌 코르넬리아 보스스트릭커를 보고는 사랑에 빠져 청혼했지만 거절당했다. 11월, 덴하흐에 있는 안톤 마우베의 작업실에서 그림을 배웠다.

1882 시엔이라는 사창가 여성을 알게 되어 1년 넘게 함께 살았다.

1883 시엔과 헤어진 뒤 네덜란드 북쪽에 있는 드렌터로 갔다. 토탄 지대의 황량한 풍경이 그에게 깊은 인상을 남겼다. 12월, 드렌터에서의 고립감을 이기지 못하고 부모님이 이사한 곳인 뉘넌으로 갔다. 이곳에서 머문 2년 동안 빈센트는 약 200점의 그림을 그렸다.

1884 이웃에 있는 마르호트 베헤만과 친해졌다. 빈센트와 마르호트는 결혼 계획까지 세웠지만 마르호트 가족의 반대로 성사되지 않았다.

1885 3월, 아버지가 뇌졸중으로 사망했다. 동생 아나와 다툰 뒤 작업실을 가톨릭 교회 관리인인 요하네스 스하프라트의 집에 방을 얻어 옮겼다. 4~5월, 대표작 <감자 먹는 사람들>을 그렸다. 11월, 안트베르펜으로 가서 이듬해 2월까지 머물렀다. 이때 페테르 파울 루벤스의 그림에서 깊은 인상을 받은 빈센트는 기존의 암적색과 코발트 톤에서 벗어나 보다 강렬하고 밝게 빛나는 색채를 쓰는 쪽으로 전환했다. 왕립미술아카데미에서 수업을 들었지만 얼마 지나지 않아 그만두었다.

1886 파리에 도착하다

구필화랑 파리 본사에서 일할 때 이후 약 11년 만에 파리에 다시 온 빈센트는 테오와 함께 지냈다. 곧이어 코르몽의 화실을 드나들면서 에밀 베르나르를 비롯한 예술가 친구들과 교유했다. 비록 3~4개월 만에 화실 출입을 그만두기는 했지만 파리에서 본격적으로 접한 인상주의의 영향으로 빈센트도 기존에 즐겨 쓰던 짙고 어두운 색조 대신 밝고 강렬하고 생기 있는 색조로 표현하기 시작했다. 겨울 무렵에는 브르타뉴의 퐁타벤에서 돌아온 고갱과 사귀기 시작했다. 파리에서 2년간 지내는 동안 빈센트는 27점의 자화상을 비롯하여 센강 변, 몽마르트르 언덕, 클리시대로의 카페와 식당, 단골 화방 주인인 탕기 영감 등 약 200점을 그렸다.

봄, 베르나르와 센강 가에서 그림을 그렸다. 클리시가에 있는 탱부랭카페를 단골로 드나들었다. 이곳에서 베르나르, 고갱, 로트레크와 함께 전시회를 열기도 했다.

1888 남프랑스에서 예술가 부락을 꿈꾸다

2월, 빈센트는 번화한 파리를 뒤로 하고 밝은 빛과 따뜻한 색채가 있는 남프랑스의 아를행 기차에 올랐다. 그는 한 번도 가 보지 않은 그곳에서 예술가 부락을 만들고 싶어 했다. 봄이 되면서 빈센트는 꽃이 만개한 살구나무, 자두나무, 배나무, 사과나무, 복숭아나무, 아몬드나무 등과 장미꽃, 제비꽃, 붓꽃 등을 쉼 없이 그렸다. 밝고 화창한 색채로 뒤덮인 아를의 봄은 그가 한 번도 경험해 보지 못한 것이었다. 5월에는 라마르틴광장에 있는 노란 집에 세를 들고는 〈해바라기〉 연작을 그려 방을 꾸미는 등 인테리어에 많은 공을 들였다.

아를.

그러나 그의 초대에 응해 준 동료 화가는 없었다. 오직 고갱만이 가능성을 비추어 주었을 뿐. 고갱은 아를행을 계속 미루다가 빈센트의 거듭된 요청에 10월에 되어서야 도착했다. 그러나 둘은 생각, 기질, 좋아하는 화가, 작업 스타일 등 모든 면에서 너무나 달랐고, 결국 함께 산 지 2개월 만에 빈센트가 자신의 귀를 자른 사건이 일어나면서 둘의 관계는 파국에 이르고 말았다. 이후 빈센트는 간질, 알코올중독, 조현병 진단을 받았다.

1889 5월, 아를에서 30킬로미터 떨어진 생레미드프로방스에 있는 생폴드모솔요양원에 들어갔다. 이곳에서 약 1년간 살면서 요양원의 정원, 붓꽃, 라일락 수풀, 알피유산, 채석장, 아몬드꽃 등 150여 점의 그림과 비슷한 양의 스케치를 남겼다.

1890 오베르쉬르우아즈에서 잠들다

생레미드프로방스에서는 자신의 병이 더 이상 좋아질 수 없다고 판단한 빈센트는 5월에 테오 부부가 살고 있는 파리를 경유하여 숲이 많은 시골 마을인 오베르쉬르우아즈로 갔다. 파리에 들렀을 때, 테오의 아내와 자신의 이름과 같은 조카를 처음 만났다. 오베르쉬르우아즈에 온 빈센트는 라부여관에서 지냈다. 테오에게 쓴 편지에서 그는 오베르쉬르우아즈가 매우 아름답고 그림 같다고 했다. 그는 주변의 들판을 산책하면서 몇 점의 거대한 풍경화를 남겼다.

가세가 그린 반 고흐의 마지막.

7월 27일, 저물녘에 들판으로 산책을 나갔다가 가슴에 총을 쏜 뒤 이틀 뒤 테오가 지켜보는 가운데 숨을 거두었다.

참고 문헌

랄프 스키, 『반 고흐의 정원』, 공경희 옮김, 디자인하우스, 2011.

로널드 페어베인, 『성격에 관한 정신분석학적 연구』, 이재훈 옮김, 한국심리치료연구소, 2003.

마크 윌런, 『트라우마는 어떻게 유전되는가』, 정지인 옮김, 도서출판심심, 2016.

마틴 게이퍼드, 『고흐 고갱 그리고 옐로하우스』, 김민아 옮김, 안그라픽스, 2007.

마틴 베일리, 『반 고흐, 프로방스에서 보낸 편지』, 허밍버드, 2022.

마틴 베일리, 『반 고흐의 태양, 해바라기』, 박찬원 옮김, 아트북스, 2020.

문국진, 『반 고흐 죽음의 비밀』, 예담, 2003.

박홍규, 『빈센트가 사랑한 밀레』, 아트북스, 2005.

버나뎃 머피, 『반 고흐의 귀』, 박찬원 옮김, 오픈하우스, 2017.

베레나 카스트, 『콤플렉스의 탄생』, 이수영 옮김, 푸르메, 2010.

빈센트 반 고흐, 『반 고흐, 영혼의 편지 2』, 박은영 엮고 옮김, 위즈덤하우스, 2019.

빈센트 반 고흐, 『반 고흐, 영혼의 편지』, 신성림 엮고 옮김, 위즈덤하우스, 2017.

빈센트 반 고흐, 『세상에서 가장 아름다운 편지』, 박홍규 엮고 옮김, 아트북스, 2009.

스테판 B. 폴터, 『모든 인간관계의 핵심 요소 아버지』, 송종용 옮김, 비전북, 2018.

스티븐 네이페, 그레고리 화이트 스미스, 『화가 반 고흐 이전의 판 호흐』, 최준영 옮김, 민음사, 2011.

앙토냉 아르토, 『나는 고흐의 자연을 다시 본다』, 조동신 옮김, 도서출판 숲, 2005.

앤드루 새뮤얼스 외 지음, 『아버지와 부성 콤플렉스』, 김유빈 옮김, 달을긷는우물, 2021.

앤서니 스토, 『고독의 위로』, 이순영 옮김, 책읽는수요일, 2011.

앤서니 스토, 『공격성 인간의 재능』, 이유진 옮김, 도서출판 심심, 2018.

앤서니 스토, 『창조의 역동성』, 정연식 옮김, 현대미학사, 2009.

이동섭, 『반 고흐 인생 수업』, 아트북스, 2014.

존 볼비, 『애착』, 김창대 옮김, 연암서가, 2019.

쥐디트 페리뇽, 『나의 형 빈센트 반 고흐』, 성귀수 옮김, 아트북스, 2007.

사진 크레디트

2~3, 4, 14, 20, 29, 35, 42~43, 58, 62, 65, 70, 99, 141, 144, 155, 203, 206, 209, 245, 252
ⓒ Getty Images Korea

6, 227, 230, 233 ⓒ 유경희

49, 79, 86, 194, 289, 290, 292 ⓒ Wikimedia Commons

클래식 클라우드 030

반 고흐

1판 1쇄 발행 2022년 11월 10일
1판 2쇄 발행 2024년 2월 1일

지은이 유경희
펴낸이 김영곤
펴낸곳 아르테

TF팀 이사 신승철
TF팀 이종배
책임편집 임정우
출판마케팅영업본부장 한충희
마케팅1팀 남정한 한경화 김신우 강효원 출판영업팀 최명열 김다운 김도연
제작 이영민 권경민
디자인 박대성 일러스트 최광렬

출판등록 2000년 5월 6일 제406-2003-061호
주소 (10881) 경기도 파주시 회동길 201(문발동)
대표전화 031-955-2100 팩스 031-955-2151

ISBN 978-89-509-9463-1 04000
ISBN 978-89-509-7413-8 (세트)

아르테는 (주)북이십일의 문학·교양 브랜드입니다.

(주)북이십일 경계를 허무는 콘텐츠 리더

네이버오디오클립/팟캐스트 [클래식 클라우드 — 책보다 여행], 유튜브 [클래식클라우드]를 검색하세요.
네이버포스트 post.naver.com/classic_cloud
페이스북 www.facebook.com/21classiccloud
인스타그램 www.instagram.com/classic_cloud21
유튜브 youtube.com/c/classiccloud21

· 책값은 뒤표지에 있습니다.
· 이 책 내용의 일부 또는 전부를 재사용하려면 반드시 (주)북이십일의 동의를 얻어야 합니다.
· 잘못 만들어진 책은 구입하신 서점에서 교환해드립니다.